湛庐文化 Cheers Publishing
a mindstyle business
与 思 想 有 关

创新的本质

[英] 斯图尔特·克雷纳（Stuart Crainer） 戴斯·狄洛夫（Des Dearlove）◎著
李月 徐雅楠 李佳胥◎译 姚虹◎审校

INNOVATION

BREAKTHROUGH THINKING TO YOUR BUSINESS TO THE NEXT LEVEL

中国人民大学出版社
China Renmin University Press

主编的话

杨斌 教授
清华经管领导力研究中心主任

开设 leadership 类的课程伊始，我就打定主意，认真地称呼它作“领导之道”。倒不是为了简单地省“力”求异，而是包含些许自己的念想在里头。

一是想突出 TO BE（是）与 TO DO（做）的不同。听者习者，是想有些即刻好用的法子、技艺，能够克敌制胜，佳绩可期。送他们来念课参训的法人、大人们，也有不少抱有希望收获回去更趁手的兵器。这都再正当不过了。“力”掌握于个体，服务于集体，可以度量，可以培养，可以作价，可收可发。但正当，不代表正确。那些后缀着“ship”的名堂，常常因为它忘怀了知识（K），超越了技能（S），融进了品性（A）。你所变成的，你所就是的，于他人可以发见、欣赏，但却不那么容易迁移，或迁移成了却了无生意。“成为领导者”，“作为领导者”，与“具备领导力”“谙熟领导学”不同。其不同，我想先从不用“力”做起。

二是想坦陈“坐而论道”的局限，为师的难。看成是本事，提高得靠实践、历练；看成是心性，则需要更长时间的积淀，抑或机缘遭逢的悟到、绽放。而写出来，讲出来，lost in words，几乎是一定的。开个诗歌课是个多难的事儿呢？诗歌鉴赏课上的七嘴八舌，或读几句就走心呆坐，但还没有逼到要叫人“写出诗句”或“活出诗意”。所以,要认命。也就是自说自话的说道（也最好还别布道），不敢轻易说有多少科学，但经过了组织与梳理，遵从逻辑，有所体系，不怕人说是 well organized common sense（精装常识）——这年头常识常遭忽视。总有“听者有心”并愿意起而行之，反求诸己，自我修炼，把看到听到的“常识道”，与本身的使命、本心化成，内化调制为自己的“非常道”。谁之功？回首向来萧瑟处，百姓皆谓我自然。

再说千遍又何妨？领导这个词，在这里，在我所选的这些书里，不是职位，不是功绩，不是命令链条，不是炫目浩荡。它是一个或是一些人，让人更是人，让组织更向上，让社会更向前，让这些变化更有机地发生的实践。

为什么用卓越？讨论领导，常用的是有效，充满着还原论的机械；说伟大，又太多 Kitsch 表达。卓越各不同，横看成岭侧成峰。如果说领导像爱情一样，是世界上最容易观察到的却又最不容易理解的现象的话，卓越则更是多维多样，甚至，很多时候领导者之卓越、之所以卓越，与你“纯朴真挚、劝人向善”的意识形态存在矛盾。所以，我特意编选的这个“卓越领导之道”书系中的书，都有些思想上的耐人寻味，而不怎么是用力地鼓吹感召，都有些无心栽柳的边缘意识，却正合了这不确定时代的道道。

希望你通过阅读而享受思考，通过领导而获得解放。

引言

创新意味着什么

日本富士通公司（Fujitsu）被公认为拥有世界上运算速度最快的超级计算机，为此，我们与那些参与此计算机研发的专业人员进行了一番交谈。

这台超级计算机的名字叫作 K，源自于日语单词“京”，意为数字 10^{16}。这是一个大数字，同时也是一项大工程，有 10 亿美元的研发预算，参与人数多达 1 000 人次。2007 年，K 计算机开始了它的发展历程，并于 2012 年结束，其运算速度被誉为“快中之快”。

我们同参与到这个大型项目中的研发人员与领导者见了面。其间，有两件事情给我们留下了深刻的印象。第一件是参与人员的务实本性。富士通的设计研发人员不同于经典的硅谷人士，他们既不帅又不酷；不穿牛仔裤，甚至不穿斜纹裤；不穿休闲装，着装一点儿也不随意。当我们见到项目总经理时，他看起来就像是日本企业中典型的中年职员，为抵御东京的寒冬，他穿着一套带马甲的西装。参与到这一非比寻常的项目中的人，看起来都普普通通。

第二件令我们印象深刻的事情是，尽管这些人看似心静如水、气定神闲，但实际上都身负重任。我们与富士通下一代处理技术开发部门的井上爱一郎本部长进行了谈话。此时，该项目就要接近尾声，但压力依然存在。27 年以来，井上一直推动着富士通公司主机业务的发展。他长期兢兢业业，即便出现一时的倦怠，也情有可原。然而，他是一位极富创造力的人，总是精力充沛，常常处于兴奋状态，但也倍感压力。井上解释道："以前，我不会想做什么就去做什么。我曾想自己去设计一些东西，不仅仅是为了使用，而是为了设计而设计。"

通过与井上及其同事的谈话可知，设计出兼具创新性和开拓性的 K 计算机并不意味着就此结束，他们还因此获得了更重要的工作动力。井上说：

> 我的初衷是让这些年轻的工程师通过这个项目而感到热血沸腾，从而享受自己的工作。但是，我们需要明白：K 计算机将会为富士通，为日本，乃至为整个人类创造一个更好的未来。通过 K 计算机，我们将拥有洞察未来发展趋势的能力。另外，它还具有非常广泛的医疗用途。

> 这就解释了我为什么说它能够改变人类。计算机只是一个大盒子，有趣之处在于，要将其看作帮助全人类与社会的一种工具。

我们离开富士通，再次思考有关创新的问题。在这里的所见所闻挑战了我们以往所形成的思维定势和设想。创新不是孤立存在的，亦不是只有能力非凡的男人或女人才能完成，即便他们创造出的大部分东西极大地改变着这个世界。

创新本身很正常，但其创新成果却非同寻常。

创新虽然改变着现实，但是通过灵感、梦想、雄心和愿景而实现的。

经过反复斟酌，这本书将涉及我们与创新领域的从业者、世界领先的思想家的谈话，包括克莱顿·克里斯坦森（Clayton Christensen）、维杰伊·戈文达拉扬（Vijay Govindarajan）、加里·哈默（Gary Hamel）、琳达·希尔（Linda Hill）、康斯坦丁诺斯·马凯斯（Constantinos Markides）、罗杰·马丁（Roger Martin）、已故的普拉哈拉德（C. K. Prahalad）、唐·泰普斯科特（Don Tapscott）等人。我们的目标是让你直接获取并理解创新的基本原理以及有关该主题的最新想法。如果我们做到了，烦请告诉我们。

全球最具影响力 50 大商业思想家排行榜（Thinkers 50）创始人
斯图尔特·克雷纳　戴斯·狄洛夫

扫码关注湛庐教育，
回复“创新的本质”，
聆听创新大师克里斯坦森
“技术与商业模式的颠覆式创新”。

INNOVATION

BREAKTHROUGH THINKING TO TAKE YOUR BUSINESS TO THE NEXT LEVEL

目 录

目录
INNOVATION

01

INNOVATION

BREAKTHROUGH

THINKING TO TAKE

YOUR BUSINESS TO THE NEXT LEVEL

01 “创新”的历程

企业与创造力相遇，创造出新价值，这就是创新。世界的发展速度越来越快，使创新带来的竞争优势变得愈发短暂，处于创新最前端的企业都知道，要想在未来的竞争中赢得优势，必须确保源源不断的创新。

16 世纪中期
“创新”这个词第一次出现
定义就是“创造新价值”。

约瑟夫·熊彼特
“创新理论”鼻祖
美籍奥地利经济学家

代表作：《经济发展理论》
《经济分析史》

提出“创造性破坏”理论。

将创意变为创新成果需要付出辛勤和汗水。

托马斯·爱迪生
美国著名发明家、企业家

一生获得 1 093 项美国专利、1 300 项国外专利。
发明留声机、白炽灯泡，创立投资 13 家大企业。

康斯坦丁诺斯·马凯斯
伦敦商学院战略与
国际管理学教授

代表作：《战略定位：有效战略实战案例》
《创造市场不在抢先，而在抢对时机》
《攻略：商业模式创新路线图》
《后发制人》

开拓全新市场的个人或企业不一定最终能将其进行大规模生产，创造出大众市场。

新型创新环境的 6 大特征：
- 颠覆式创新日益受到重视。
- 共同创造。
- 开放式创新，它与共同创造有关，创新范围却更广。
- 逆向创新。
- 管理创新。
- 引领创新，同样是个弥久不衰的主题。

INNOVATION

BREAKTHROUGH THINKING TO TAKE YOUR BUSINESS TO THE NEXT LEVEL

> 只有将一个伟大的创意商业化，它才能算得上是一项真正的创新成果。
>
> 斯图尔特·克雷纳

如今的创新比任何时候都要重要。少有管理者会否认这样一个事实，即创新已成为企业管理至关重要的部分。我们随处可以听到企业总裁、专业学者和政要人士对各个企业、不同行业甚至国家经济的创新需求极尽溢美之词。那么，为什么创新在如今的商业社会中如此重要呢?

其答案亦是出奇的简单。**企业与创造力相遇，创造出新的价值，这就是创新。**

“创新”从何而来

“innovate”（创新）这个词第一次出现在 16 世纪中期，来自拉丁文的“innovatus”（创新）一词，意为“重建、改变”，其动词是 innovare，由 in（变为）和 novare（变成新的）构成。换句话说，创新无非就是找到新的方法来改变事物，它的一个有用的定义就是“**创造新价值**”。

如今该定义之所以变得更为重要，是因为我们的生活要求我们不断地从消费的产品或服务中获取新价值。想一想，你最近何时买过一部自诩是采用了“相同的测试和检验技术”的新手机或是一辆自称是“像以前一样好”的汽车？我们的祖先可能会被“亘古不变”“一如既往”这类说法所说服，但是今天，我们需要的更多。

你可以埋怨消费者的变化无常，也可以埋怨社会的不断发展。但是，我们的期望值也在不断地提高，包括对创新抱有更高的期望，而企业就站在创新的最前线。

这不仅仅意味着竞争可能就是在现有的产品上添加一种新特性或是一个新按钮。商业生活可能充满着一定意义上的霍布斯主义：污秽、野蛮以及日渐短暂。某一类别的全部产品可能在一夜之间消失。还记得录像机吗？还记得盒式磁带录音机吗？还记得曾经为你的照相机买过的胶卷吗？

创新的挑战

应对创新的最大挑战之一就是要应对不连续创新。当技术出现革新、新兴市场崛起、传统的游戏规则发生变化或引入一种新的商业模式时，那么，之前成功的一些企业会突然变得很脆弱，有些企业则将很快成为历史。

应对不连续创新的关键在于，需要各种与以往完全不同的管理能力。组织和管理不连续创新需要探索一些看似不太可能的新领域，建立新的合作伙伴关系，向高风险企业分配资源，探索全新的商业视角。而这些完全不同于以往传统的创新方式。过去，企业仅需要雇用一批聪明绝顶的人才，将他们放到研发实验室中，然后督促他们进行研究即可。而如今，这种创新方式已远远不够了。

今天，管理者面临的巨大挑战之一是：**一个企业如何构建不连续创新的能力？**

这只是这本书将要帮你解答的问题之一。不过，我们还是要从头说起。我们都明白，创新从人类生活开始时便已经存在。其实，很多人认为创新能力是人类的独有特征，近千年来，它促使我们或好或坏地掌控着世界（我们也希望创新能力能带来的一点好处是，如果我们要去维持地球未来的发展，它能为我们提供所需的经验教训）。

创新之路上有几次飞跃。比如，我们可以说创新使我们的祖先从狩猎－采集者转变为农民，之后又发展了农业经济；我们也可以说艺术与科学上的实验与创新引领了一段辉煌时期，带来了启蒙运动和文艺复兴。所有这些都证明了人类的创造力，但我们这里需要着重关注的则是商业和企业领域的创新。

创新与商业

两者之间存在着矛盾。事实上，商业和创造力之间很难做到水乳交融。“有创造性”经常在商业中被视为一种贬义词——想一想众多企业中存在的“创造性会计”（creative accounting）或是对“创意人员”“一刀切”的不信任。在典型的企业世界里，都是些沉默寡言、西装革履、左脑发达的决策者，而在与创意工作相关的世界里则都是些不守纪律、不修边幅、右脑发达的特立独行者。创造力与商业之间的这种看似毫无关联的关系，使得众多企业（特别是大型企业）很难去理解和管理创新。但是，它们必须去管理创新，因为创新管理对企业的成功起着越来越重要的作用。

理由很简单：世界的发展速度越来越快，其带来的副作用则使竞争优势变得愈发短暂。处于当今动荡且复杂的商业环境中，聪明的企业都知道，如果它们不能实现创新——包括产品、服务创新和体系、程序创新，那它们将会输给竞争对手。这就是企业将大量时间和精力花在构建体系、结构和程序上以确保源源不断的创新的原因。

同时，顶尖的研究人员、从业人员、专业学者和管理思想家提出的一些新概念和新观点会影响我们思考、理解和执行创新的方式。新的创新实践、最新的创新想法和思路都会彻底改变创新的前景。不足为奇的是，我们理解创新的方式，本身就在不断地进行创新。

这本书诠释了近些年来已经改变了创新前景的一些较为重要的概念和观点，同样也诠释了在未来将要影响创新前景的一些概念。因此，这本书为我们提供了一个视角，通过它，我们可以深入了解一套将要和已经对未来的商业发展产生深远影响的新概念。

创造性破坏

为什么创新带来的影响如此之深远？要想回答这个问题，需认真研究一下资本主义制度。

影响深远的美籍奥地利经济学家，“创新理论”的鼻祖约瑟夫·熊彼特（Joseph Schumpeter）提出了“创造性破坏”[①]一词。如今，在解释资本主义是如何运作的问题上，“创造性破坏”理论几乎与亚当·斯密提出的“看不见的手”一样为人熟知。然而，有多少次当我们听到该词时并没有考虑到创新在资本主义中所起的作用？

创新推动了熊彼特理论的风潮（有时也被认为是“创造性破坏”的作用）。从总体上看，创新是一股不断向前发展的强风。若我们将其分为若干向前发展的小风暴，那么每一次的创新都可以看作是一场小型的龙卷风。

这对我们来说并不陌生。在美国加州硅谷的街道上，阳光沐浴，企业云集，曾经在这里掀起过一股商业旋风，而如今却很少为人所称道。第一次大规模的商业和工业创新发生于18世纪和19世纪的英国，正值工业革命时期。当时革新之风席卷全球，与对创建英国军事力量的影响相比，其对建立大英帝国的影响则更为深远。

工业革命展现出新的思维方式和工作方式，同时也体现

① “创造性破坏”理论是熊彼特最知名的观点，熊彼特将企业家视为创新的主体，其作用在于创造性地破坏市场的均衡（即“创造性破坏”）。他认为，动态失衡是健康经济的“常态”（而非古典经济学家所主张的均衡和资源的最佳配置），而企业家正是这一创新过程的组织者和率先实践者。通过创造性地打破市场均衡，才会出现企业家获取超额利润的机会。——编者注

了人们为之所付出的汗水和鲜血。事实上，我们现代意义上的“创造”所暗含着的新颖、原创、发明和进步，在当时的商业活动中如火如荼地进行着。具有讽刺意味的是，艺术家在工业革命期间成为创新的典范，而不是发明家、探险家、企业家或工业家，但工业家却持有创新的专利。

如今，同样的“创造性破坏”之风仍在持续着，不断扰乱着世界经济。英国华威大学商学院（Warwick Business School）创新教育系的教授乔纳森·尼兰兹（Jonothan Neelands）说：

> 创造性和以不同的方式做事，这两者之间若不是完全等同，也是近乎同义。以不同的方式做事意味着采用一种更具创造性的方式来处理商业事物，但我们也要认识到，无论在生活的哪个方面，我们都不会持续地创新，因为我们似乎并没有遇到一种危机能够吞噬我们的政治、经济、社会和环境。我们现在正遭受着熊彼特的这股持续强风。

为迈进一个新纪元，“创新”一次又一次地解开社会和经济内部的生产要素，再将它们重新组合。纵观历史，在发生社会动荡和变革之前会出现创新，社会动荡和变革也会带来大规模的创新。为了进一步理解，你可以想一想 14 世纪的文艺复兴、18 世纪的启蒙运动和工业革命，或是当今的数字革命。

那么，我们对创新又了解多少呢？即使创新是人类生存条件的重要组成部分，我们对创新的了解却是出奇得少。但是，从一些人所取得的丰功伟绩中不难看出，他们是值得聆听和学习的对象。其中一位创新方面的天才就是美国著名发明家和企业家托马斯·爱迪生。

1% 的灵感和 99% 的汗水

爱迪生曾说过:“天才就是百分之一的灵感加百分之九十九的汗水。”这句话至今仍是创新课题上最常为人引用也是最精辟的一句名言，它同样也证明了爱迪生在创新殿堂里所具有的独特地位，他发明的白炽灯泡已成为“创意”与“创新”的代名词。若不提及他所具有的超常才能及对创意的极度渴望，那么对创新的研究便是不完整的。

为了进一步理解创新，探讨爱迪生本人的生活可能会给我们带来一些启发。他的观点——**将创意变为创新成果需要付出辛勤和汗水，也一直是他所遵守的人生准则**。爱迪生一生共获得了 1 093 项美国专利和 1 300 项国外专利。他不仅发明了留声机和白炽灯泡，还创立、投资了 13 家大企业。在他的努力下，几家有名的企业直接或间接地得以创建，包括美国通用电气公司、美国无线电公司以及至今仍在纽约证券交易所上市的爱迪生联合电气公司。

电报业推动了爱迪生事业的成功。爱迪生是使用摩尔斯电键的天才，是当时电报业打字速度最快的报务员之一。作为值夜班的报务员，他需要每小时键入数字 6 以证明他仍在工作。然而，他发明了一种机器，能自动为他键入数字，这样他便有充足的时间待在当地的旅馆里。在接二连三地被免职之后，他以自由报务员的身份辗转于美国各地，经过路易斯维尔、孟菲斯、纳什维尔和波士顿之后，爱迪生最终在纽约落脚。同时，他申请了第一项专利——为马萨诸塞州立法机关发明的自动投票计数器。

在纽约，爱迪生与著名的电报工程师富兰克林·波普（Frank L. Pope）开展了第一次合作，共同完成他们的发明。接着，由美国电信公司前总裁马歇尔·莱弗茨（Marshall Lefferts）控制的黄金 & 股票电报公司（Gold & Stock）购买了这次合作，而且美国电信公司还付给爱迪生和波普 2 万美元，购其专利。莱弗茨看到了爱迪生的独创性，于是与他私下做了一项交易，即以当时 3 万美元的天价买下他独自完成的一项专利。

1870 年，有了充足的资金支持，爱迪生聘用了英国数学家查尔斯·巴彻勒（Charles Batchelor）和瑞士钟表匠约翰·克鲁奇（John Kruesi）。他与黄金 & 股票电报公司和西部联盟电报公司（Western Union）签署专利授权协议，与威廉·昂格尔（William Unger）成了合伙人；最后搬到了新泽西州纽瓦克市沃德街的一座四层建筑里，建立工厂，开始进行大规模的发明创造。沃德街的这几位头脑聪慧的奇才很快便发明出一台股票打印机、四路多工电报机和一台能快速解码摩尔斯电码的机器。

19 世纪 70 年代是爱迪生一生中最富创造力的时期。为扩大其业务范围，爱迪生搬到了门洛帕克市（Menlo Park），它位于从纽约到费城的铁路沿线上，距离纽约约 38 公里 。门洛帕克这个地名已成为“创新”的代名词，因为爱迪生和他的团队正是在这里改良了留声机。1877 年 12 月，爱迪生申请了专利，然而他并没有因此而停止脚步，又开始了对白炽灯丝和玻璃灯泡的实验研究。在爱迪生尚未发明出制成灯泡的方法时，他就向财团许诺：他能创建一个基于该发明的商用照明系统，并最终与他们签署了有关权利与酬劳的协议，为组建爱迪生电力照明公司（Edison Electric Light Company）打下了基础。

而事实上，爱迪生距这项发明还有很长的一段路程。随着时间一天一天的推移，爱迪生虽然在实验室里坚持不懈、努力尝试，却并没有取得实质性的进展。他一度感到压力很大，有一次躲在楼梯下的橱柜里，喝了一剂吗啡，睡了 36 个小时。

1879 年 11 月 12 日，爱迪生终于生产出具有商业价值、可持续照明较长时间的灯泡。照明时间长达 40 小时 20 分钟，并在接下来的两个月内，爱迪生经过反复试验，将照明时间进一步延长到 600 小时。游客们长途跋涉来到门洛帕克市，惊奇地注视着照亮路面的灯光。然而不幸的是，爱迪生接下来并没有享受到发明带来的喜悦，而是卷入了一场持久的专利诉讼案里，时间长达十余年。

灯泡的发明和爱迪生电力照明公司的组建标志着爱迪生的事业达到了顶峰。但是，他仍在继续发明创造。在接下来的几年里，一系列的新发明纷纷涌现：直流发电机、第一个电力照明系统、电气计量系统、碱性蓄电池、水泥制造设备、有声电影和潜艇有声探测。在他的实验里也涌现出许多卓越人才，最著名的是尼古拉 · 特斯拉（Nikola Tesla）——以发明特斯拉线圈和交流感应电动机而闻名。然而，门洛帕克的奇才爱迪生却从未重温过他那辉煌的过去，他工作到生命的最后一刻，于 1931 年 10 月 18 日逝世。

经验与教训

我们能从爱迪生这位杰出的创新者身上学到什么呢？或许得到的最有力的创新经验是：**只有将一个伟大的创意商业**

化，它才能算得上是一项真正的创新成果。不可否认的是，爱迪生的聪明才智很大一部分在于他明白，获得商业上的成功仅仅依靠创新是不够的。所以，爱迪生主要发明一些可用于商业化的产品，而为了达到这一目的，他在门洛帕克聚集了一批杰出人才。实际上，他创立了第一个产品研究实验室——它是许多研究所的前身，比如位于加利福尼亚州著名的施乐帕洛阿尔托研究中心（Xerox PARC）。这是实用性与商业化相结合的创新发明，其结果被证明是非常成功的。

显而易见，非商业化的创新并不会带来实质性的成果，但值得注意的是，如今仍有许多未实现商业化的创新产品或产品实现了商业化，但并非出自创造者之手。康斯坦丁诺斯·马凯斯和保罗·杰罗斯基（Paul Geroski）在《后发制人》（*Fast Second*）一书中说明了这一点：

> 创新产品的发明者并不是最终实现规模化生产的人，比如喷气发动机、打字机、充气轮胎和磁带录音机等创新产品。开拓全新市场的个人或企业不一定最终能将其进行大规模生产，创造出大众市场。的确，实践证明，在大多数情况下，全新市场的早期开拓者几乎都不是最终实现规模化生产、占领市场的个人或企业。

尽管上文说明了创新未必能实现商业化，但爱迪生的创新之路为 20 世纪的企业提供了一幅蓝图。研发部门有序地进行着系统的创造性活动。技术人员和科学家组成的研发小组——现称为怪才，从事着创造性工作，并将他们的劳动成果传递给企业中的人。

基于爱迪生在创新方法上带来的启发，著名设计公司IDEO的总裁兼首席执行官蒂姆·布朗（Tim Brown）[①]谈到：

> 爱迪生并不是狭隘地研究某一领域的科学家，而是一位具有敏锐商业触觉的全才。在新泽西州的门洛帕克实验室里，他周围全是有天赋的工匠、即兴创造者和实验人员。事实上，他打破了发明家孤军奋战的模式，创建了一种基于团队合作的创新方式。

拥有了研发部门研究出来的新点子，企业接下来就要以尽可能大的规模将创新产品推向市场。而在那时，这完全是可以实现的。一旦一家企业发明出具有创新性的产品或服务，那么它将会采取大规模的措施实现商业化。企业采取大规模的措施是因为知道，它们将会长期获得优势。在20世纪很长一段时期里，拥有优质产品或服务的企业希望自己的优势能持续几年，甚至是几十年。事实上，大型企业的主要目的和依据是，通过利用经济规模降低成本来充分发挥并去捍卫它们的竞争优势，这样它们就可以维持一个较高的溢价。这些大型企业的成功之处不在于它们有创新的能力，而是在于

① 蒂姆·布朗的畅销著作《IDEO，设计改变一切》，阐述了如何将设计思考这种以创意解决难题的做法，带进生活、组织、产品和服务中。此书已由湛庐文化策化，万卷出版公司出版。——编者注

它们能够充分利用经济规模带来的效益从而获取高额利润。

大规模生产使多数引进的创新产品实现了大众化，但是它同样也带来一个负面影响：**规模化生产使创新变得更加困难**。随着经济规模不断带来效益，各家企业更难以进行实验与创新。

创新加速变革

20 世纪逐渐接近尾声时，世界明显发生了变化。各种行业和企业如雨后春笋般地接连出现。从长远来看，竞争优势不可能长期存在。如果你对此还心存疑虑，可以问问曾经在柯达公司工作过的人。柯达公司曾经在摄影市场中处于不败之地，但在 2012 年被迫申请破产保护，就是因为它没能迅速应对数码产品带来的冲击，最终被数码摄影产品逐出局。

20 世纪 80 年代，柯达公司处于鼎盛时期，仅在纽约罗切斯特的员工就达到 6 万多人。而在 2012 年申请破产时，柯达公司在罗切斯特的员工仅剩不到 7 000 人，关闭了全世界 13 家胶卷制造厂、130 个照片加工实验室。

柯达公司的衰落极富戏剧性。在 20 世纪 70 年代中期，柯达公司垄断了摄影市场，占据 90% 的胶卷市场以及 85%

的相机市场份额。到了20世纪90年代，其竞争对手日本富士胶片公司（Fuji Photo）以较低的价格打入美国市场，冲击了柯达企业，蚕食了由柯达独占的市场份额。但的确是数码摄影的到来才导致了柯达的破产。当富士胶片公司和竞争对手进行技术创新时，柯达没有及时应对，最终发现自己已远远落后。而当柯达决定转型时，其作出的调整太过于保守，为时已晚。全世界还有许多企业会经历同样的事情。

创新作为一股商业旋风重塑整个行业的现象并不罕见。新型创新产品定期阻断竞争优势、重组整个行业的速度已经发生了变化。

让我们来看看全球制药工业的具体情况。传统的研发模式在制药企业中根深蒂固，科学家们在自己的实验室里研发出新的分子组合，之后制成产品并投入市场。但是如今，很多有竞争性的企业在开发和推出自己的竞争药品上变得愈加熟练和迅速。像西普拉（Cipla）、雷迪博士实验室（Dr. Reddy's Laboratories）、格伦马克制药（Glenmark Generics）和太阳药业（Sun Pharmaceutical Industries）等印度公司，已经从起初的默默无闻，发展成为今天全球制药业中的重要参与者。

其他行业也会出现这样的情况。摩托罗拉是手机行业里的领军企业，之后被成功改造的诺基亚所替代；接下来是黑莓手机，紧跟着是苹果手机。

在时装界，西班牙企业 Zara 开创了自己的品牌“快时尚”（fast fashion）。它能够以极具竞争力的价格生产最新款的时装，它的创新在于过程而非其原创设计。

我们认识的创新已经发生变化，对它的理解方式和思考方式也发生了变化。今天，专家们提出了几种不同类型的创新：

- **维持式创新**。这种创新是指在现有市场中，销售品质更好的产品，使企业具有竞争力。
- **效率式创新**。这种创新可以降低成本或提高生产率。效率性创新成为 20 世纪的主要推动力。
- **颠覆式创新**。这是一种不连续创新，它能够打破现有市场，开辟新的市场。通常情况下，颠覆式创新源于一种能替代现有技术的新技术。

目前，创新越来越多地应用于流程、产品和服务中，涉及各个领域，包括从利用生物识别扫描技术以缩短在机场的排队时间，到提供非接触式信用卡以加快双方的财务交易。

除了这些，还有很多方面的变革正在改变着创新前景。加州大学伯克利分校哈斯商学院的亨利·伽斯柏（Henry Chesbrough）教授和一位世界著名的创新思想家，对这种变革提出如下看法：

纵向一体化是上个世纪遵循的主要商业逻辑。从小艾尔弗雷德·钱德勒（Alfred Chandler）对纵向一体化的阐释及通用汽车、标准石油、杜邦等企业对纵向一体化的实践可以看出，纵向一体化突出强调了企业的集中与整合。在这个逻辑的背后，有价值的知识是很匮乏的。因此，各家企业都在试图开发一种无法被他人超越的知识优势。

伽斯柏教授继续根据这种观点确定了一系列的工作设想：

- 最先将创新成果推向市场的企业将取胜。
- 如果你能在行业里创造出最多、最好的点子，那么你将取胜。
- 该领域里最具才华的人为我们工作。企业竞相争夺最优秀、最聪明的毕业生，并能为这些新人提供最好的薪水和设备。
- 如果是我们自己的发明，就要最先将其投入市场。内部研发成为阻碍小型企业发展的屏障。
- 为了从研发中获利，我们必须自己去挖掘、开发和运输。杜邦、通用电气、通用汽车、IBM、施乐、默克公司（Merck）和宝洁等企业的蓬勃发展源于他们对内部研发的持续投资。而此番重视会引发“非我所创综合征”（Not Invented Here）[①],企业会拒绝来自外界的任何技术。
- 我们应该保护自己的知识产权，不让竞争对手从我们的创意中获利。

① 非我所创综合征，又称为NIH综合征，是社会、公司和组织中的一种文化现象，指人们不愿意使用、购买或者接受某种产品、研究成果或者知识，不是出于技术或者法律等因素，而只是因为它源自其他地方。——编者注

新型创新环境的 6 大特征

我们目前正处于新型的创新环境当中，而上述的设想在这种环境里已不再具有意义。新型的创新环境具有以下几个重要特征：

第一，颠覆式创新（见第 2 章）日益受到重视。商业旋风时常会席卷整个行业，通常情况下是因为出现了一种截然不同的新技术，而该技术会彻底重组整个行业，在此过程中，许多现存的成功企业会因此而破产。

对于取得真正成功并维系成功多年的企业来说，它需要做好两种稳态的创新——维持式创新和效率式创新，而且它能在颠覆式创新出现的时候及时察觉到。但是，这很难去拿捏，而且会导致哈佛商学院教授克莱顿·克里斯坦森所谓的"创新者的窘境"（innovator's dilemma）。

企业面临的挑战是（企业刚进入市场的时候），颠覆式创新的产品一开始并不会吸引现存主流企业的最佳客户，因为他们更喜欢现有主流技术的可靠性与完善性。这就带来一种两难境地：企业应该继续推广最佳客户所喜欢的现有产品（通常利润率较高）还是应该投资于利润率较低的新技术，最终破坏它现有的主流市场？大多数企业会选择继续使用现有技术。很可惜，这通常意味着当新技术逐渐成熟并取代现有技术时，这些企业将会被远远地甩在后面，惨遭损失。因此，当柯达公司决定向数码摄影投资时，已为时太晚。

推动不连续创新需要各种特定的组织能力，尤其是要有能力洞察到可能对某个行业，或如互联网一般，对全球整个商业领域造成威胁的旋风迹象。

第二，共同创造（见第 3 章）。“核心竞争力”理论创始人普拉哈拉德所倡导的“共同创造”概念，认识到企业与消费者之间越来越多地存在一种共生关系，并体现了在如何创造新价值的问题上所作出的重要调整。

第三，开放式创新（见第 4 章），它与共同创造有关、但创新范围更广。从促使开发 Linux 操作系统的软件开源运动的例子中可以看出，伽斯柏提出的开放式创新是一种全新的创新方法。近几年，几家处于世界领先地位的企业已经采用了开放式创新，比如宝洁的“联系 + 发展”战略（Connect + Develop）。

第四，逆向创新（见第 5 章）。过去，企业将创新重点放在工业化国家，主要是西方国家，再将研发成果推向不发达国家。逆向创新是这一过程的逆化，企业在世界最贫穷的一些国家研发产品，之后推广到相对发达的国家。

第五，管理创新（见第 6 章）。伦敦商学院的加里·哈默[①]和朱利安·伯金肖等人强烈认为企业的管理方式能带来最大的创新潜力。事实上，哈默认为企业需要有一种全新的管理模式，即他所谓的管理 2.0（Management 2.0）。

第六，引领创新（见第 7 章），这也是一个弥久不衰的主题。一个企业的创新者如何受到最好的领导和鼓舞呢？

虽然这些概念都比较大，但目前的商业市场亦在日渐扩张。在创新与战略（见第 8 章）、创新与社会（见第 9 章）的领域内，也产生了一些有趣的想法和做法。当今世界是创新的舞台，而且，创新在如今还担负着解决世界上最棘手问题的责任。

---

① 加里·哈默，世界一流战略大师，当今商界战略管理的领军人。他的多篇论文数次获得“麦肯锡奖”。他与 C. K. 普拉哈拉德合著畅销书《竞争大未来》，入选 1994 年度最畅销的商业著作。——编者注

02

INNOVATION

BREAKTHROUGH

THINKING TO TAKE

YOUR BUSINESS TO THE NEXT LEVEL

02 从创新者的窘境到创新者的解答

颠覆式创新

颠覆式创新并不是突破性创新，能将好产品改进得更好，而是将以前非常昂贵、复杂且只有少数有钱和有才的人才能拥有的产品进行改造。它可以使产品变得更加廉价、更易于接受，让更多人能够获得。

提出“颠覆式创新”“颠覆式技术”的概念.

克莱顿·克里斯坦森
颠覆式创新之父
全球创新和发展领域顶级专家

代表作：《创新者的窘境》
《创新者的课堂》
《创新者的处方》

发展颠覆式技术的5大方法：

- 确定该技术是颠覆式的还是维持式的.
- 确定该颠覆式技术的战略性意义.
- 为颠覆式技术寻找最初的市场.
- 确保颠覆式技术的业务由一个独立的组织机构负责.
- 维持该组织机构的独立性.

INNOVATION

BREAKTHROUGH THINKING TO TAKE YOUR BUSINESS TO THE NEXT LEVEL

运用一种好的模式是展望未来的唯一方式。我们没有数据，所以必须有个好理论。教会管理者透过理论展望未来的方法，他们就可以清楚地看到未来。我想这就是颠覆式理论的意义所在。

克莱顿·克里斯坦森

克莱顿·克里斯坦森推出了一种不太可能实现、破坏力极为强大的创新活动——颠覆式创新。克里斯坦森出生于美国盐湖城，于 1971 年至 1973 年在韩国任耶稣基督后期圣徒教会（the Church of Jesus Christ of Latter-day Saints）的传教士，会说一口流利的韩语。他的职业生涯不仅涉及学术界，也涉及商界。他曾在波士顿咨询公司（BCG）担任了 4 年顾问，并创办了三家成功的公司，其中包括他在 1984 年与几位麻省理工学院的教授共同创办的 CPS 公司（一家高科技制造公司）。

克里斯坦森于 1992 年在哈佛商学院担任教师，1998 年被晋升为教授，成为商学院现代史上第一位在这么短时间内获此殊荣的教授。目前，他是哈佛商学院工商管理系的吉姆·克拉克（Kim B. Clark）教授，被视为全球创新和发展领域的顶级专家之一。在 2011 年的“全球最具影响力 50 大商业思想家”排行榜中，克里斯坦森荣登榜首。

2000 年，克里斯坦森创办了创见公司（Innosight），应用创新理论帮助企业开创新的业务增长。2007 年，他创办了罗斯帕克投资顾问公司（Rose Park Advisors），确认颠覆式企业并为其投资。克里斯坦森同时也是创见研究所（Innosight Institute）的创办者，这是一个非营利性的理论研究所，旨在将创新理论应用到医疗和教育等棘手的社会问题上。

创新者的窘境

克里斯坦森因 1997 年的著作《创新者的窘境》（*The Innovator's Dilemma*）[①] 而名声大噪。在这本书里，他讲述了经营良好的企业经常在各自市场中难以应对全新技术的原因。他指出，这些企业经常以失败告终是源于它们的管理方法，虽然这些管理方法曾促使它们占据各自行业的领先地位，

① 欲详细了解克莱顿·克里斯坦森的颠覆式创新理论最新进展，请参考他的相关著作《创新者的课堂》《创新者的处方》，其中文简体字版已由湛庐文化策划，中国人民大学出版社出版。——编者注

但同时也使它们很难去开发能最终占领整个市场的颠覆式技术。

1995 年，克里斯坦森和约瑟夫·鲍尔（Joseph Bower）在《哈佛商业评论》上发表的《颠覆式技术：逐浪之道》（*Disruptive Technologies: Catching the Wave*）一文中，提出了“**颠覆式技术**”的概念。克里斯坦森和鲍尔指出：

> 企业里最常见的一种模式是，当面对市场和技术变化时，企业无法保持其在各种行业中的领先地位。

鲍尔和克里斯坦森在写该文时提到了很多例子。比如，美国固特异轮胎橡胶公司（Goodyear）和风驰通公司（Firestone）较晚进入子午线轮胎市场、沃尔玛取代了西尔斯百货、施乐将小型复印机市场拱手让给佳能、卡特彼勒公司（Caterpillar）和迪尔公司（Deere）收购比塞洛斯国际公司（Bucyrus-Erie）接管挖掘机市场。而这种现象最显著的例子是在计算机产业。

虽然 IBM 曾垄断了大型计算机市场，却没有对技术上比大型计算机简单得多的微型计算机做出及时反应。美国数字设备公司（Digital Equipment）开创了微型计算机市场，但是反过来又忽视了个人计算机市场。这些发现让克里斯坦森和鲍尔提出了一个问题：

> 为什么这些企业能向现有的技术进行大力投资以保留它们现有的客户的需求，却没能向技术进行投资以满足未来客户的需求呢？

在回答这个问题时，克里斯坦森和鲍尔提到，官僚体制、妄自尊大、高层倦怠、计划不周、投资期限较短等都是导致企业失败的原因。但还有一个更重要的原因。基于克里斯坦森已经建立的一种商业模式，他和鲍尔认为在实际操作中会存在一个基本的矛盾——正是这种矛盾促使克里斯坦森在 1997 年写了一本名为《创新者的窘境》的书。

过度关注客户需求

此矛盾的核心在于他们深刻地认识到，“全球领先企业受制于一则最受欢迎且最有价值的管理信条：过度关注客户的需求”。

虽然人们普遍认为，听取客户的意见是很好的管理方法，但是过度关注客户需求也会带来负面影响。特别是，**过度关注客户的意见就意味着企业既不会投资于新技术（而新技术将在未来破坏他们的市场），又不会看到这些新技术具有的巨大潜力。**

原因很简单。尽管一开始引入的新技术更加便宜，但是通常其效果并没有当前或现有的技术那么完善。这不足为奇，因为新技术还没有进行改良和完善。那么在此时此刻，若提供现有技术的企业询问他们的消费者是否愿意接受新技术，其答案几乎全是“不”。新技术对于客户来说并不那么可靠和引人注目。

另外，企业在现有技术的创新成果上收获颇丰，几乎没有动力投资于新技术，而且新技术会逐渐与现有产品竞争，获取的将是低额利润。因此，现行企业不会去开发一种将破坏他们市场的新技术。

然而随着时间的推移，新技术得以不断改进，它能在较低成本的条件下提供诸多与当前技术相同的优势。此时此刻，之前更偏爱现有技术的客户想要接受新技术，便会放弃他们之前的供应商。实际上，创新者的两难处境便由此产生：**是开发客户不愿接受且利润较低的新技术，还是继续投资于改进最佳客户所喜爱的产品？**

这种窘境还在各个行业中上演着。克里斯坦森的模型说明了：**一旦次级、低廉的产品进入低端市场，那么现行企业通常将面临威胁**。久而久之，这种成本更低的技术不断发展、提升价值链，从而取代现有技术。

计算机产业可以很好地阐释这一过程。行业里一些规模较大、较成功的企业和领袖采用的战略已经受到克里斯坦森模型的影响。安迪 · 格鲁夫（Andy Grove）任英特尔的首席执行官时，他请克里斯坦森来到加利福尼亚，向他的高层解释颠覆式创新的意义，并运用颠覆式创新拟划战略以抵制芯片制造商。在沃尔特 · 艾萨克森（Walter Isaacson）为史蒂夫 · 乔布斯写的传记里，也提到克里斯坦森对乔布斯产生的巨大影响。的确，乔布斯在第二段任期内，苹果公司取得了商业上的巨大成功，这在很大程度上是由于他成功地解决了创新者的窘境问题。

发展颠覆式技术的 5 大方法

颠覆式创新带来的影响并不仅限于技术模式的转变，还可以采用新的商业模式或新的生产流程。

比如说，在美国的汽车产业，福特汽车和通用汽车并不认为日本丰田公司的小型汽车会对美国本土市场产生威胁。它们没有同日本制造商竞争，而是更多地关注获利较高的中型汽车和运动型多功能车（SUV）部门。但随着时间的推移，丰田公司利用自己的竞争优势进军中型车和 SUV 市场，最终豪华汽车市场也受到冲击。目前，丰田公司同样面临着来自韩国起亚和低价竞争者的威胁。

那么，企业要怎么做才能避免颠覆式创新带来的威胁呢？早在 1995 年，克里斯坦森和鲍尔就提供了发现和发展颠覆式技术的 5 大方法：

- 确定该技术是颠覆式的还是维持式的。
- 确定该颠覆式技术的战略性意义。
- 为颠覆式技术寻找最初的市场。
- 确保颠覆式技术的业务由一个独立的组织机构负责。
- 维持该组织机构的独立性。

克里斯坦森同他的合著者还将颠覆式创新的模式应用到商业以外的领域，包括教育和医疗。《创新者的课堂》（*Disrup-ting Class*）和《创新型大学》（*The Innovative University*）为教育领域提供了解决方案，《创新者的处方》（*The Innovator's Prescription*）探讨了如何改进美国的医疗体系。克里斯坦森的著作还有《创新者的解答》（*The Innovator's Solution*）、《见证未来》（*Seeing What's Next*）、《创新者的基因》（*The Innovator's DNA*）等。

颠覆式创新的方向

见到克里斯坦森后，我发现他本身的存在就是最具颠覆性的。他长得特别高，令人生畏。在哈佛商学院他的办公室里，我们开始了这次谈话。

与大师对话

NNOVATION

克莱顿·克里斯坦森

Q： 被称为全球最具影响力的管理思想家，您对此有什么感受呢？

A： 我曾经向一位朋友问过同样的问题，他是麻省理工学院教授。如果要在材料科学上设立一个诺贝尔奖，那么大家会普遍认为他应该是第一个获此殊荣的人。所以我也向他问了这个问题，他回答道："被认为是世界上最有成就的人是一件很沮丧的事情，因为我在整个人生的征程中一直处于山脉的底端，注视着那些攀上山脉之巅的人们，觉得他们很聪明。而现在若我处于山脉之巅，我会想是否没人比我更好或者更聪明，那么这时候我们就真的遇到麻烦了。因此，我感到非常荣幸人们给予我这个殊荣，但是我们的世界也会因此而受到伤害！"

Q： 您追寻彼得·德鲁克、迈克尔·波特（Michael Porter）[①]、

---

① 迈克尔·波特，哈佛商学院教授，他被誉为世界管理思想界"活着的传奇"，他是当今全球第一战略权威，是商业管理界公认的"竞争战略之父"，在2005年全球最具影响力50大商业思想家排行榜上，他位居第一。——编者注

普拉哈拉德等人的足迹，登上“全球最具影响力 50 大商业思想家”榜首之位。这意味着您非常受人尊敬，但这是否也给您带来了一些责任？

A: 是的，我感到非常荣幸。我所认识到的职责就是要明白如何去做研究，而且我真的有必要教会后人做研究，使他们青出于蓝而胜于蓝。如果做到了这一点，我觉得自己就成功了。如果我留给世界的只有一摞书，那我并没有取得多大的成就。

Q: 那我们来谈谈这些书。您因提出颠覆式创新的概念而闻名。那颠覆式创新到底是什么呢？您能解释一下吗？

A: 颠覆式创新具有它特定的含义，它并不是突破性创新，能将好产品改进得更好。它有一个非常特殊的含义：**它将以前非常昂贵、复杂且只有少数有钱人和有才能的人才能拥有的产品进行改造；它可以使产品变得更加廉价、更易于接受，让更多人都能获得它。**

Q: 这么说，颠覆式创新推动了科技的民主化？

A: 是的，你说得很对。颠覆式创新创造出一个新的市场，但是那些制造出复杂、昂贵产品的科技领先企业发现它们很难朝着更便宜、更简单的方向发展，因为这种发展方向与它们的商业模式格格不入。所以它们自身就存在着矛盾。这其实就是在说，你是个小男孩，你想杀死一个巨人，为了达到目标你尝试着去设计这类产品，而事实上，企业中的领导者会因此选择远离你，而不会选择加入你。

Q: 您可以举个例子吗？大多数人对计算机行业及其发展过程比较熟悉，或许您可以举这方面的例子来阐释这一点。

A: 好的。起初出现的第一个数码科技产品是大型计算机。买一台计算机需要花费几百万美元，学习操作计算机也需要消耗好几年的时间，所以这就意味着只有一些大型的企业和院校才能拥有一台计算机。因此，如果我们需要这类科技产品来解决我们的问题，就必须得把问题带到专门的计算机中心，请 求专家来解决。

但是之后所获得的一系列创新成果，从大型计算机到微型计算机，从台式电脑到笔记本电脑，再到现在的智能手机，都实现了科技的民主化，以至于世界上的任何人都可以获得电脑或手机，并且我们的经济情况也变得好转起来。但是对于计算机行业的开拓者来说，抓住这些新浪潮却很难。

相反，大多数的创新成果都是由新兴企业创造并垄断的。

Q: 您所述的这个过程带来了“创新者的窘境”，这也是您在1997 年所著的书的名字。您能阐释一下这个窘境吗？

A: 好的。创新者的窘境每年每天都存在，每个企业都会有人去敲敲高级管理层的门，告诉他们我研发出了一种新产品。其中有一些人需要研发出更好的产品，才能够以较高的价格卖给自己的最佳客户。

但是，颠覆式创新通常需要你追寻新的市场，接触非主流客户并卖给他们更便宜、更简单但主流客户却不会购买的产品。因此，你必须做出选择：是应该研发出更好的产品出售给主流客户以获取更高的利润，还是应该研发没有主流客户会购买的次级产品，从而最终丧失获取利润的机会呢？应该怎么选择？这真是个两难困境。

当日本丰田公司进入通用汽车和福特汽车的低端市场时，他们就面临着这种窘境。他们需要做决定，是应该走到低端市场，与丰田汽车竞争，还是应该为占据更大份额的消费者研发出功能更强大的运动型多功能车呢？现在丰田公司同样也遇到了这个问题。韩国现代和起亚事实上已经占领了丰田汽车的低端市场，并不是因为丰田汽车错失良机。当有幸与梅赛德斯－奔驰竞争的时候，丰田汽车为什么当时要投入大量资金保护利润最低的微型汽车市场呢？现在，中国奇瑞也对韩国汽车造成了威胁。

Q：毫无疑问，您的理念已经影响了一代又一代的管理者，像史蒂夫·乔布斯和英特尔公司的前首席执行官安迪·格鲁夫。

A：说的是。我从没想过我会遇到这些人，更不用说能帮到他们。但我从格鲁夫身上学到很多东西。事情的经过是这样的，我在哈佛商学院忙于自己的事情，格鲁夫突然给我打电话说："您知道的，我现在很忙，没有时间去看学者的废话连篇，但是有人告诉我，您懂得这方面的理论，所以我想知道您能不能来一趟，为我及我的员工阐释一下您所知道的理论，告诉我们怎样将其应用到英特尔的实际运作中。”

对于我来说，这是一个千载难逢的好机会，所以我飞到了那里。格鲁夫是个态度很生硬的人，当我到达硅谷时，他说:“事发突然，我们只能给你10分钟的时间，所以你只需要向我们阐释一下颠覆式创新的理论对英特尔意味着什么。”我回答:“安迪，我不能这样做，因为我对英特尔接下来的发展没有什么建议，但是颠覆式创新理论可以提供某种建议，所以我必须对这个理论进行阐释。”

因此，他很不耐烦地坐了回去，10分钟过去后，他打断我的讲话，并说道:“您看，我已经听了你这个愚蠢的理论，现在请告诉我们它对英特尔意味着什么。”他确实了解了这个理论。我说:“安迪，我还需要5分钟，因为我要阐述一下颠覆式创新是如何在一个完全不同的行业中运作的，这样你才能设想颠覆式创新会对英特尔产生什么影响。”

因此，我阐述了小型炼铁厂是如何进入到钢筋市场，继而步入高端市场的。我解释完之后，格鲁夫说:“噢，我明白了，你想告诉我的是，颠覆式创新理论对英特尔的意义在于……”然后他描述了另外两家企业是如何从低端市场发展起来与英特尔抗衡的。所以英特尔需要回到低端市场，不让这些公司从这里发展起来与自己抗衡。这个结论是相当成功的。

Q: 英特尔就是在这个时候引进赛扬处理器芯片（Celeron chip）对抗低端市场的低价竞争的吗?

A: 是的，你说的没错，我认为是这样的。如果我告诉了格鲁夫他应该怎么做，那我一定死得很惨，因为他对微处理器的了解比我多得多。

我并没有告诉他应该思考什么，而是要教会他如何进行思考，这样他才能得出自己的结论。我教导的方式、说话的方式也因其发生了变化，而且还获得了重要的发现：**无论出于何种原因，世界运作方式的数据只能代表过去。**在人们展望未来时，如果我们告诉他们，应该以数据为导向、以事实为基础来进行分析，那我们就是在游戏已结束时，以各种方式来迫使他们采取行动。

运用一种好的模式是展望未来的唯一方式。我们没有数据，所以你必须有个好理论。我们对此没有想太多，但是我们每次采取行动，都是基于一个理论之上。因此，**教会管理者透过理论展望未来的方法，他们就可以清楚地看到未来。**我想这就是颠覆式理论的意义所在。

Q: 您同样也将这些想法应用到了非商业领域，比如医疗和教育。您认为在多大程度上是管理理论和管理思想在起作用？在解决全世界面临的重大问题上，它能给予我们什么帮助？

A: 这取决于你是怎样看待管理理论和管理思想的作用的。如果你问，管理能为医疗和教育带来什么，我会说，带来不了什么，因为对此处有用的方法可能到别的地方并不适用。因此，要从这里做得好的地方学到东西是一件非常冒险的事情，但如果在你的研究中，你发现了基本层面的东西，那么这些理论是可以普遍适用的。因此，如果弄明白了其中最基本的因果机制，那么，我们在管理领域学到的东西确实可广泛地应用于各个领域。

举个关于积极性的例子。在我们的教育系统中，积极性是每一个学校系统中的创新者都要面对的问题。我们要如何激励学生积极参与呢？但事实证明，积极性不只是在教育领域才需要的，在医疗领域同样需要。我们要如何激励人们照顾好自己呢？事实上，在每一笔生意中，你都在试图说服客户积极购买你的产品，这样的事情可以在任何领域发生。

因此，如果你能理解导致人们生命中发生一些事情的因果机制，你就不需要成为所有领域的专家，而要成为该问题的专家。我认为这对我来说很有用，因为在过去的10年里，我们出版了两本书，一本是医疗领域的《创新者的处方》，另一本是关于如何改善教育体制的《创新者的课堂》，而且我们是同时出版这两本书的。很多人会说："噢，我的天啊，你是个白痴，这可是完全不同的领域。"但我认为，不是的，它们并不是完全不同的领域，它们都存在着同样的问题。

如果你拥有一套可以描述基本情况的理论，你就可以做这样的事情，并且在你解决了这个问题时，可以想一想，在哪些领域还可以用同样的理论来解决同类问题。

Q：最近，您已经将这些想法或思维过程应用到自己的生活当中，我想问问您，您是如何评价自己的生活的呢？

A：这对于我来说，又是一次不错的经历。我给你举个例子。

我们在《哈佛商业评论》中曾写过关于财务分析的一些错误方法，而且我们将矛头指向了金融人士，因为有时候是他们告诉了我们一些错误的东西，引导我们走向错误的方向。其中一条信条是：如果沉没成本（sunk cost）真的沉没了，你就应该忽略沉没成本和固定成本（fixed cost），只看边际成本（marginal cost）和边际收益（marginal revenue）即可。

但这种边际分析有时会造成恐慌，因为你未来擅长的东西不同于你过去所擅长的东西。若把利用现有东西产生的边际成本与创造全新东西产生的全部成本进行对抗，支撑边际成本的争论往往会胜过支撑全部成本的争论。很多知名企业一直在排斥与未来无关的东西。

Q：对于该领域的人们来说也是如此吧？所以，来到哈佛商学院的人总是想取得一定的成绩，而且您说过边际效应不利于他们实现长期目标？

A：没错，因为相对于做事情的成本，比如说和孩子打打球，很多父母看到的只是更多地投资于职业中的边际效益，那么工作到很晚和更多地投资于职业看起来更有利可图。但等孩子们到了青少年时期，他们再回头看这件事时就会说：“噢，我的天啊，我本应该一直将精力放在那些孩子身上的，而如今要付出全部成本来扭转这一局面几乎是不可能的。”到最后，不管我们有没有意识到，我们还是支付了全部成本。

03

INNOVATION

BREAKTHROUGH
THINKING TO TAKE
YOUR BUSINESS TO THE NEXT LEVEL

03 从竞争到共创未来

共同创造

进入新信息时代后，企业处于宇宙中心的时代便一去不返。价值不再由企业创造后与客户进行交换，而是由客户和企业共同创造。通过互联网，客户有机会参与创造新产品和服务的环节，它已成为企业竞争力的新来源，也改变了创造价值、实现创新的方式。

C. K. 普拉哈拉德

核心竞争力理论创始人，
"当今最具影响力的企业战略思想家

代表作：《竞争大未来》
《未来竞争》
《穷人的商机》
《创新的新时代》

提出"核心竞争力""共同创造"的概念

发展共同创造力的四项策略：

- 鼓励开展积极、明确及持续的对话。
- 动员客户群体。
- 管理客户群的多样性。
- 共同创造个人经历。

新竞争格局的两大准则：

- N=1
- R=G

新型创新思维方式对领导方式的三个重要意义：

- 领导者必须具有前瞻性。
- 领导者能够充分展现大家最好的一面，而不是要显露他们自己最好的一面。
- 制定无商量余地的条款，建立道德上的权威。

伯德·施密特

哥伦比亚商学院国际商务专业
罗伯特·卡尔金斯讲座教授

代表作：《更长远的战略：如何实现大胆的创意，抛弃小心思》

将深入理解客户作为创新之路。

INNOVATION

BREAKTHROUGH THINKING TO TAKE YOUR BUSINESS TO THE NEXT LEVEL

我们正逐渐向一种新形式的价值创造转换。价值不是由公司创造后再与客户进行交换，而是由客户和企业共同创造。

C. K. 普拉哈拉德

创新往往意味着创造者独自熬夜寻找灵感，如果真有这么简单就好了。当代创新是一项团队运动，而在这项运动中发挥着领导角色的人就是哥印拜陀·克利修那·普拉哈拉德（Coimbatore Krishnarao Prahalad），也称 C. K. 普拉哈拉德。普拉哈拉德是密歇根大学罗斯商学院保罗 & 鲁斯·麦克拉肯（Paul and Ruth McCracken）战略学院教授。在 2007 年和 2009 年的“全球最具影响力 50 大商业思想家”排名中，普拉哈拉德荣登榜首——他一直位居榜首直至他 2010 年不幸去世。

什么是共同创造

普拉哈拉德提出了“核心竞争力”这一管理学术语，并与加里·哈默合著了畅销书《竞争大未来》(*Competing for the Future*)，为这一代的首席执行官确定了战略方案。

2004年，普拉哈拉德出版了两本著作：一本是与凡凯特·拉莫斯沃米（Venkat Ramaswamy）合著的《未来竞争》(*The Future of Competition*)，提出了“共同创造”的概念；另一本著作《穷人的商机》(*The Fortune at the Bottom of the Pyramid*)[①]（其雄心勃勃的副标题为“把握40亿穷人市场商机，发挥金字塔底层的财富”）中介绍了世界上的贫困群体是一个尚未开发的市场，其一年的购买力达13万亿美元。

普拉哈拉德和拉莫斯沃米在《未来竞争》中指出：**“我们正逐渐向一种新形式的价值创造转换。价值不是由企业创造后再与客户进行交换，而是由客户和企业共同创造。”**

普拉哈拉德和拉莫斯沃米进一步解释了他们所深信不疑的这一转变：

> 过去的商业竞争更像传统的戏剧：在舞台上，演员的角色已经明确指定，客户只需要支付门票，坐到座位上，

① 《穷人的商机》《企业成功定律》已由湛庐文化策划，中国人民大学出版社出版。——编者注

被动地观看表演即可。在商业活动中，企业、经销商和供应商同样知道并维持着它们在企业关系中的既定角色。但如今情况发生了变化，现在的商业竞争更像是20世纪60年代和70年代的实验剧场，任何人都可以参与到表演当中。

普拉哈拉德和拉莫斯沃米认为，随着不同群体之间共享的创新信息越来越多、创新合作越来越密切，企业与它们的供应商、经销商之间的关系将会变得模糊。比如，沃尔玛不再只是简单地将宝洁的产品进行分配，而且还会共享每天的销售情况，两家企业通过合作来保证高效的物资仓储与补给。这个例子说明了企业之间是如何通过合作来共同创造价值的。

当然，在某种程度上，企业往往会选择与它们的商业合作伙伴一起引进创新。而普拉哈拉德和拉莫斯沃米预言的重大变化则是，与客户共同创造将变得愈发重要。

如家人般竞争

普拉哈拉德和拉莫斯沃米指出：

过去几年商业环境的不断变化已成为管理界争论的焦点，一些从业者和学者谈到企业之间“如家人般竞争”。他们

> 谈到各企业之间的联盟、网络及合作。但管理人员和研究人员在很大程度上却忽视了客户，正是他们极大地改变了我们所知的工业体系。

“共同创造”支持客户角色在创新过程中不断发生变化。客户积极参与创造新产品和服务——尤其是通过互联网，改变了创造价值、实现创新的方式。普拉哈拉德和拉莫斯沃米还指出：

> 市场俨然已成为创造与争夺价值的公开场所，消费者在这里发挥着积极作用。**这个新兴市场的显著特点是，消费者成为企业竞争力的新来源。**客户带来的竞争力是他们拥有的知识与技能、学习和实验的意愿，以及他们积极参与对话的能力。

普拉哈拉德与哈默的早期著作为管理者提供了“核心竞争力”的概念，如今又认为与客户共同创造和创新的能力成为新的能力领域。**熟练掌握共同创造的企业，将会在创新及客户满意度方面拥有竞争优势。**

发展共同创造力的 4 项策略

一些行业在此过程中更致力于发展这些新的竞争力。比如，软件行业一直试图让客户参与到创新的过程中，从可用性实验室的产品检测到客户环境中的产品检测。比如，数以百万计的客户对一系列的微软操作系统进行了 Beta 测试。这些 Beta 测试帮助公司识别并修复早期软件版本中存在的故障，还有助于保持客户忠诚度。

一些科技公司做得更好，如思科系统公司（Cisco Systems）和一些电脑游戏开发商，他们为客户提供公开获取信息、资源和系统的机会。比如，一些游戏开发商提供地图和工具，让客户来设计自己的战场，并按照自己的具体要求制作虚拟角色的界面外观。

因此，企业如何发展与客户共同创造的能力呢？普拉哈拉德和拉莫斯沃米确定了 4 项全新策略：

- 鼓励开展积极、明确及持续的对话
- 动员客户群体
- 管理客户群的多样性
- 共同创造个人经历

一些电脑游戏公司，如《魔兽世界》的制造商暴雪娱乐公司（Blizzard Entertainment），经常向客户提供工具，允许客户定制自己的人物角色和游戏环境。比如，客户可选择是否成为半兽人、矮人、巨人，或者成为从夜精灵到血精灵之间的任何一种精灵种族。

这些类型都属于共同创造。共同创造理念不仅限于软件行业。最重要的是，普拉哈拉德看到了消费者在不同领域塑造并创造自身价值方面发挥着越来越重要的作用，如医疗领域。正如他的预言所述：

> 通过网络和其他途径获得的医疗信息的能力可以帮助越来越多的患者和他们的医生对话。对医疗信息越加了解，这些客户就越有可能形成他们的医疗方案。虽然医生可能并不喜欢患者运用他们在医疗方面所具有的知识，但他们还是要学会如何充分运用这些知识。

普拉哈拉德也曾预言，个人数据的运用将日渐普及。他认为，我们作为客户和患者将很快与医疗服务提供方共同创造一份个人健康概况资料。如果一个糖尿病患者的血糖已低至危险程度，那么在某种程度上，他可能会与医生合作，并接受医生个性化的警示。这种共同创造健康问题上的创新将拯救更多的生命。

新竞争格局的两大准则

普拉哈拉德在与克里斯南（M. S. Krishnan）所著的最后一本著作《创新的新时代》（*The New Age of Innovation*）中，进一步阐释了共同创造的概念，描绘了一种基于两个简单准则的竞争格局：**N=1** 和 **R=G**。

我们在许多场合对普拉哈拉德进行了采访。他同样也将这些互动看作是一种共同创造的机会。在结束的时候，他总是会去找摄影师，问问他们觉得这次采访怎么样。对他来说，摄影师的意见很重要，他们的看法是他学习的一个机会。

与大师对话

NNOVATION

C. K. 普拉哈拉德

Q： 您在印度长大，家里还有8个兄弟姐妹。这些早期经历教会了您什么呢？

A： 生长在印度，为我积累管理经验做了充分的准备。由于生活在大家庭里，所以我总是得做出妥协，必须学会适应。印度在语言、宗教和收入水平等方面存在文化上的多样性，所以从小就得自己来应对这些差异。

第二点就是我很幸运我的父母都是搞学术研究工作的。我的父亲是一名法官，同时也是一名伟大的学者。他很早就告诉我们："只有一样东西，你给予的越多，得到的就越多——那就是知识。"这句话给我留下了深刻的印象。

之后我与共产主义工会一同在美国联合碳化物公司（Union Carbide）工作。当时我是个年轻的工业工程师，需要与工会一同协商设定价格，这些经历教会了我很多东西。他们很聪明也很有想法；如果你是一个公平且诚实的人，那么你可以以一种有趣的方式来与他们相处。因此，我从中学到了要秉持一种合作、诚实及公平的态度。

Q：您所有的工作都是围绕着共同创造这个理念，您能阐释一下这个理念吗？

A： 共同创造是一个非常重要的理念。它是说，我们需要两个人共同解决问题，而不是一个人。在传统的工业体系中，企业处于宇宙的中心，但是进入新信息时代后，消费者便有机会积极参与到对话当中，因此消费者可以塑造他们自己的个人经历。**通过共同创造，消费者可以定制自己的经历，企业也可以从中获利。**这种方式在今天越来越普及、越来越广泛。

Q：您可以就此举个例子吗？

A： 我举个谷歌搜索引擎的例子吧。现在每个人都会使用谷歌，但如果我打开谷歌，它并不会告诉我怎么使用谷歌系统，我可以个性化网页，也可以创建自定义网页，自己决定我要什么。谷歌是一个用户体验平台，它知道可能会拥有一亿的消费者，而且每个消费者都可以在这个平台上做他们想做的事情。**这是共同创造个性化价值的极端例子，简称为"N=1"。**

另一方面，谷歌不会编制内容。谷歌搜索引擎里的内容来自世界各地的人们，包括机构和个人。谷歌把这些内容聚集在一起，为大家所用。这就是共同创造的精髓，也就是说，即使你拥有一亿消费者，每个消费者的体验也不尽相同，因为那是由消费者和企业共同创造的，比如谷歌。所以，企业内部并不拥有资源，资源是从各种各样的机构中获取的；因此，**资源是全球性的，简称为"R=G（Resource=Global）"**（资源＝全球），因为现在的资源来自于多个机构。

因此，N=1 和 R=G 将会成为未来的商业模式。

Q: 怎样将这两个准则应用到一个组织当中呢，比如说一个大型的医疗组织？

A: 如果将其应用到医疗领域，或者是想维持身体健康的个人身上，这就因人而宜了。因为每个人都很独特，都有自己的健康疾病史，因此每个人都有自己的个人数据。这样就会促使医生就实施某套方案的风险与优势与患者进行讨论。

Q: 您能就此举个例子吗?

A: 病情发作增加了医疗体系的成本，因此，如果你要减少成本，就必须关注身心健康，而保持身心健康需要采用

N=1 的方法，因为我们每个人的情况都不同，造成疾病的原因也不同——遗传基因或生活方式。所以你必须达到 N=1。

比如，有些人有一点肥胖，医生就会提醒他们易患Ⅱ型糖尿病，同时也要注意心血管疾病和高血压问题。他们今天就会照顾到这一点。

比如，我是被医生这样提醒的人，那么我和医生就可以查看我的病历及疾病发作周期，并商量出一个能让我保持身体健康的方案。这就是一个共同创造的方案。医生不会让我每天走 4 英里，因为如果我住在旧城区附近，这个意见可能并不明智。但是，医生可以安排我去健身房，这样我就可以锻炼身体。我采用了这个方案，同时医生还可以跟进我的情况。

Q：您能进一步解释一下吗？

好，假设我到了下一个阶段。假设我是一名心脏病患者，我装了个起搏器。医生会说，好吧，你的起搏器必须在宽带范围内操作，这样经过你的允许，我们就可以远程监控你。如果出现问题，我们会通过手机、电脑、固定电话或派人来向你传达信息，让你去医院接受治疗或者告诉你在家休息两天。因此，医生可能成为我的私人朋友。

Q：我们说完了 N=1，那 R=G 呢？如何把它应用到医疗服务中呢？

A: 健康对每个人都是如此的重要，所以我们必须学会采用N=1的思维方式。我们不能再继续像装配流水线一样对待病人。而R=G更加有意思，它认为医院可以创建一个生态系统，在这个系统中，医院不用所有事情都亲力亲为。

比如，我可能会请社会服务人员过来与我聊天，或者和孕妇交谈并告诉她们生一个健康的宝宝应该做些什么。医院可以和救护服务、营养师建立关系，建立各种各样的关系。比如，你患了Ⅱ型糖尿病未必要去医院的测试实验室。所以，作为患者，你没必要去医院排很长的队。

Q: **那么，医院只是更广泛的生态系统中的一部分吗?**

A: 是的。医院可以创建一个完整的生态系统，由与医院有关的低成本供应商组成，医院成为制定标准、规定如何应对健康安全和隐私及提供报酬体系的重要机构。因此，医疗的整个理念就是要从治疗疾病转变成治疗健康和创造健康。如果你开始从这个角度看待问题，就很有可能实现N=1和R=G。事实上，这也是必须要实现的。

Q: **这些关于创新的新型思维方式对我们的领导方式有什么重要意义呢？在其影响下，它们是如何改变我们的领导力的呢?**

A: 我认为领导力有三大重要的变化。**第一，领导者必须发**

挥领导作用。如果领导者不具有前瞻性，就无法发挥领导作用，因为领导力关乎未来、关乎对未来的观点、关乎希望。

Q: 这是第一点，领导者还应该发生哪些变化？

A: 第二，**领导力不是针对领导者自身的。**我经常将其比喻为牧羊犬，而不是牧羊人。牧羊犬必须要遵循规则：它总是在羊群后面领导；它可以叫不停，但并不咬羊；它不会让任何一只羊掉队！

换句话说，**领导者能够充分展现大家最好的一面，而不是要显露他们自己最好的一面。**这是一种迥然不同的观点。这也是甘地曾经所做的。若你深究甘地，就看看他，看看他那弱小的身材，看看他那破旧的衣裳，没有人会认为他能为人类历史留下深刻的印记。但他却是一个伟大的创新者——他的领导力关乎改变、关乎希望、关乎自由，是一种非常个性化的事。他鼓励每位印度人意识到自身的能力，来为此做出贡献。最重要的是，他制定了一些无商量余地的条款。这不是一个武装斗争，而是一个和平的斗争，而且是丝毫没有商量余地的。所以，**领导力的第三个变化是，一些事情是不可商量的。**道德上的权威就是因为明确制定了无商量余地的条款，但这往往需要很大的勇气。

因此，对于我来说，领导力是一种观点，是激励员工、充分发挥他们的才能和指引道德方向的一种能力。这不是一种技术能力和经济实力，而是一种道德观念。

与客户协作创新

在共同创造过程中最容易被忽视的两种资源是：客户和员工。如今人们日益谈到要提高员工的参与度，这样才能获得员工的好点子和创造力。在客户方面，人们日益强调将客户体验作为与客户协作创新的方式的重要性。

伯德·施密特（Bernd Schmitt）[①]同学者们一样支持将深入理解客户作为创新之路。施密特是哥伦比亚商学院国际商务专业的罗伯特·卡尔金斯（Robert D. Calkins）讲座教授，同时著有《更长远的战略：如何实现大胆的创意，抛弃小心思》（*Big Think Strategy: How to Leverage Bold Ideas and Leave Small Thinking Behind*）一书。在我们与施密特谈话时，我们首先询问了一些关于客户体验的问题。

Q： 客户体验在过去 10 年发生了怎样的变化？

① 伯德·施密特，美国康奈尔大学博士，哥伦比亚商学院国际品牌管理中心创立者兼主任，致力于企业和品牌标识、国际营销和战略营销、产品定位和宣传方面的研究。——编者注

A: 用户体验在最近几年已有了改善。零售业的发展完全不同于10年前的情况。比如阿贝克隆比&费奇(Abercrombie & Fitch)等休闲服装品牌，它们如今在零售界的销售方式与之前迥然不同。这不仅表现在零售业上，同样也表现在通信业和各个网站上。因此，客户体验成为当前的一个热点话题，许多企业正在对此开展工作。这些企业在组织内部创立管理职位，为客户创造丰富的体验。

Q: 有一种通用的客户体验吗？还是说客户体验会随着不同的国家和文化而会有所改变？

A: 当然会有文化上的差异。在美国奏效的客户体验可能在欧洲或亚洲并不会有效。因此，你必须对客户趋势、客户的需求及其生活方式非常敏感，这就是客户体验的有趣之处。你不能说："现在我们已经有了固定的体验，看它是怎样的。"你总是需要对其进行更新、进行升级换代。

我认为住在纽约会自然而然地关注客户体验，因为在一种客户体验周围还会存在许多有趣的体验，不管是在人们的日常生活中还是在商业中。比如，看看周围的零售环境，当你接触广告公司和通信业务时，你不禁会觉得营销不仅关乎理性，强调产品特性和产品规格，而且还关乎对客户所用方法的创造性和独特性。对于研究客户的发展情况，纽约是一个巨大的实验室，但它仅仅是一个实验室。这就是我经常游历的原因。我生活在都市，喜欢将世界不同地区的营销方式进行对比。世界上具有许多迥然各异的行业、企业和国家，当然也会有许多不同类型的客户体验。

中国确实改善了许多客户体验。看看上海的高铁磁悬浮列车。虽然多数是西门子的产品，但却从未在德国慕尼黑的轨道上运行。他们在上海却做到了！10分钟之内就能到达市里是很好的体验，中国还会采取很多方式来提高客户体验。最近，我去中国时，在通过海关之后，为表明我对这次服务的满意度，需要我在彩绘的评定量表上评定官员。这是世界一流的海关。中国还有许多有趣的体验管理。

Q：若客户体验在最近10年已经得到改善，那接下来它将如何发展？

A： 我认为客户体验将以各种方式发生变化。首先，客户非常重视环保、绿色产品的购买及企业对环保的认真态度。因此，我们将看到企业在这方面做出很多改变，以赢得人心。我也相信（这是一个重要的变化）客户将希望他们与企业的关系变得更加随意和紧密——甚至在情感上。他们不想和他们一点也不了解、存在违背道德准则行为且不知名的大型企业集团做生意。所以，在企业和消费者的交易过程中，我认为我们将会看到更多的互动和开放。

Q：因此，客户将希望从企业中得到更多？

A： 没错，这是体验管理所面临的一项挑战。随着期望值升高，企业必须达到新的期望值，而此时企业就需要有一套新的管理方式。管理人员需要经常与客户联系，了解他们需要什么，并能因此作出回应。而这将会促进企业发展得更好。

Q：这些似乎很难进行课堂教学，是吗？

A： 我有时候会把客户带到课堂，这是首要的一步。企业也应该这样做，它们应该把客户带到它们的企业里。我也会教学生关注客户洞察力的新技术和新研究方法，比如，一些研究方法没有涉及实验室这种人工环境里的典型人群，而涉及了商店里的典型人群。因此，我们会在课堂上谈论研究方法，并且就此进行实践。我有时候也会把学生带到这个领域，如我们前往纽约城开启零售之旅，并观察处于自然环境中的客户（我觉得企业也应该这样做）。我认为这些是了解客户和客户体验最好的方法。课堂是了解客户最好的出发点。

Q：一些企业对待客户的态度很差。您知道它们为什么会允许自己在这方面落后吗？

A： 我认为严重的官僚主义是阻碍它们发展的原因。它们有时会害怕与客户互动，也许是发现了客户不喜欢企业对待他们的方式。我觉得这是主要的原因：惧怕客户。仔细想想，客户会非常可怕，因为他们的要求非常高。也许有些企业并不想知道这些，它们认为只要待在企业里就会拥有更多的控制权。客户体验在一个企业的战略中占据着主导地位，因此，忽视客户是目光短浅的做法。我所有的工作都与创造和做新鲜的事情有关。

客户体验涉及客户方面的创新。更宽泛的来说，我的书《更长远的战略》里，涉及如何实现创新、如何在企业内部开发一种创新、有创意的战略。在这本书里，我传授给管理者们一些方法，教他们如何寻求大胆的创意、如何将创意变成一种战略以及如何开始实行这种战略。

Q：如果管理者们不仅目光短浅，而且还固执己见怎么办？

A： 我曾去过香港的一家美发店，美发师问我怎么偏分头发。我告诉他“左边”。然后他问我，把头发分在左边多久了。我说：“不知道，可能40年或45年了。”之后他说：“你接下来的40年不要往左边分了。”这件事对我的启发很大。美发师当时的举止在某种程度上破坏了神圣不可侵犯之事：我之前头发一直偏左分，从没想过其他的方式。在企业也会遇到很多这种神圣不可侵犯之事，总是通过某种特定的方式完成。所以它们相信这些东西必须要以那样的方式来完成。每个人提出的假设，从未受到任何质疑——管理者也是这样。将那些神圣不可侵犯之事列举出来，并提出一些其他的做事方法，会使企业受益匪浅。在这个过程中，许多管理者会认识到他们没有理由一直以传统的方式做事。

Q：您曾和管理者做过这类实践吗？

A： 我和各企业开研讨会时，管理者们会很容易列出20个或30个神圣不可侵犯之事，这些事与企业如何处理业务、进行市场营销和发布新产品有关。他们提出这些神圣不可侵犯的事情，然后开发出管理这些重要工作的方式。这些可选方案不一定会对当前的处事方式有所改进。而且这些可选方案必须通过评估等流程，但这却是寻求大胆创意的一种方式。这类实践会很值得，因为很多新颖的想法都将会因此实现。

Q：那企业是以更长远的战略来组织架构的吗?

A： 大多数企业都很保守，也很官僚，通常采用单打独斗的方式来组织企业，互不沟通。当你采用更长远的战略，就需要突破这些，需要打破传统单打独斗的方式。另外，你需要拥有寻求大胆创意的程序和工具，比如看看企业之外的世界。我在工作室里经常会用到的一种方法是，要求管理者制作行业之外的基准化分析。许多企业只做行业内的基准化分析——航空公司研究航空公司，但它们同样需要从行业的最佳表现者身上和最佳做法上获取灵感。

Q：这些都需要采取大胆的领导风格，是吗？

A： 最近几天我对领导力很感兴趣。人们分析领导力时，通常认为领导力是在现有情况下所作出的最好决策，这只是其中一个特定的方面。其另外一个方面是要展望未来，要有创造力，要创造新的世界。为此，企业需要拥有不同的领导能力。

Q：您能指导企业学习新的领导能力吗?

A：与我合作的企业之所以雇用我是为了要让我帮助企业发展并以新的方式看待世界、设想新的现实。大多数企业的领导团队中不乏一些保守、面向现状的管理者，也不乏一些真切希望改造他们当前业务的人与之共事。当然，若企业处在动态发展的行业中，那么企业将别无选择，……战略模式进行思考。不管怎……帮助的。

04

INNOVATION

BREAKTHROUGH

THINKING TO TAKE

YOUR BUSINESS TO THE NEXT LEVEL

04 让车轮更快地向前滚动

开放式创新

我们已经从封闭式创新转变为了一种新的创新思维：开放式创新。这一新思维建立在“不管企业的规模有多大、目标是什么，有用的知识会遍布社会的各个角落”的认识上，这一新思维所做的是让车轮更快地向前滚动，而不是重新发明车轮。

雷富礼
宝洁董事长

- 将“产品的研究与发展”的定位转变为“联系 + 发展”。
- “知道谁有知识”成为宝洁的重中之重。
- 竞争对手也被视为其灵感的来源。

- 提出一种新的创新思维——开放式创新。
- 在这个充满海量知识的世界里，囤积技术是一种自我限制的策略。任何组织，不管它的规模有多大，都不能再忽视庞大的外部知识了。

亨利·伽斯柏
加州大学哈斯商学院教授、
开放式创新中心执行理事

代表作：《开放式创新：进行技术创新并从中赢利的新规则》
《开放型商业模式：如何在新环境下获取更大的收益》
《开放式服务创新：新形势下企业生存与发展的再思考》

马特·金登
“首席狂热创新实践者”
国际性创新咨询公司华特意富联合创始人

代表作：《创新之力》

创新的5个因素：

- 推动创新的人。
- 探索创新。
- “梦想成真”。
- 冲突理论。
- 和企业斗争。

INNOVATION

BREAKTHROUGH THINKING TO TAKE YOUR BUSINESS TO THE NEXT LEVEL

> 并不是所有的聪明人都在为我们工作，在这个充满海量知识的世界里，囤积技术是一种自我限制的策略。任何组织，不管它的规模有多大，都不能再忽视庞大的外部知识了。
>
> 亨利·伽斯柏

创新曾被纳入到研发部门当中，并处于不断的检验当中，它在整个 20 世纪的影响最为深远。

在 21 世纪中，有三种认识使得这一现象在根本上发生了改变。**第一种认识是，在研发上投入更多的资金并不一定会激发更多或更好的创新。正如很多企业从它们的成本中所发现的那样。**

制药产业可以很好地说明研发所面临的挑战。大型制药企业在药品研发上花费了数百万资金。比如，据塔夫茨药物研发中心（Tufts Center for the Study of Drug Development）估计，市场上每种药物的研发费用高达 8.02 亿美元。

除了要花费大量的资金以外，获批的药物在近几年来也越来越少，药物的产品线正日渐枯竭。

如果曾经一贯注重创新的制药企业希望从它们的研发投资中谋得收益，那么传统的创新模式就可能不再奏效了。秘密地进行自主研发并从专利产品上获利的封闭式创新模式已不再应时。

第二种认识是，企业的创新者有着独特的影响力。一种新药的发明者或一款畅销游戏的开发人员可以为一家企业提供长期的资金支持，这些人需要给予特别的关注。由于企业已经认识到了这小部分人才的重要性，所以它们找到了可以更好地管理和领导他们的办法。

第三种认识是，企业不会垄断好的点子。在过去的十年中，我们已经目睹了一家又一家的企业扩大了其创新活动的范围，试图从消费者、供应商、雇员以及对此感兴趣的旁观者那里获得想法。

日益开放的宝洁

拿宝洁公司来说，伦敦商学院的朱利安·伯金肖教授在这里成立了管理创新实验室（Management Innovation Lab）。

2000年是宝洁悠久发展史上的一个关键时刻，作为世界上最著名的企业之一和几个全球最知名品牌的创始者之一，宝洁正面临着重要的抉择。公司首席执行官德克·雅格（Dirk Jager）的在任时间仅有18个月。三月份，公司宣布第一季度业绩未达到预期目标，从一月到三月，公司的股票价格从每股116美元大幅下跌至每股60美元。市值缩水了850亿美元，这使得整个公司都失去了信心，也让宝洁成了媒体的焦点，其中最为尖刻的是杂志《广告时代》（*Advertising Age*）头版报道的标题“宝洁还重要吗？”，而这只是众多表示宝洁公司即将消亡的专栏中的一家。

宝洁后来的新首席执行官雷富礼（A. G. Lafley）[①]道出了宝洁实际存在的问题：

> 我们不对分析师和投资者设立目标，也不对他们做出承诺。宝洁大多数的业务业绩都不佳，只有其中的三项占了20世纪90年代所创造的总价值的80%。竞争对手都乘虚而入来抢占市场份额。我们的投资过度，产量过剩，雇用了太多员工，在新产品的介绍和扩展现有品牌上投入了太多不必要的资金；我们并没有形成良好的客户价值，没有持续的引领创新，并且定价过高；我们提高了已有大品牌的价格来为新产品承担费用，并大举扩张市

① 雷富礼的畅销著作《宝洁制胜战略》，揭晓了他如何在战略制定和战略选择上运用超凡能力，成功让宝洁“焕发青春”，该著作中文简体版已由湛庐文化策划，浙江人民出版社出版。——编者注

> 场；我们的成本也过高，并且和重要客户的关系日渐恶化，他们对不相容战略、低水平的服务以及宝洁无法为他们创造价值表示了不满；大规模的重组需要给大量员工重新安置工作，从而造成了部分消耗，所以我们在管理内部事务上也花费了太多的时间。

除了一连串的内部问题以外，宝洁还面临着实现企业持久增长的挑战。像宝洁这样成熟的企业通常预期要实现每年4% ~ 6% 的有机增长率。在历史上，这一增长是由企业强大的研发资源来实现的，这其中包括全球成千上万的研发人员。但是，快速发展的新技术和激烈的竞争使宝洁传统的研发方式面临着威胁，只有 35% 的新产品达到了其财政目标，且研发生产力的发展停滞不前。

雷富礼对处境艰难的宝洁提出的对策具有广泛性。他估测，宝洁将花三年的时间重回正轨，并专注于四项核心业务上，它们占销售额的 54% 和利润的 60%；建立大的领先品牌；宝洁排名前十的国家占销售额的 80% 和利润的 95%。在雅格在任时期极高的成本和占销售额 8% 的资本支出都有所削减。由于取消了业绩不佳的业务，宝洁在全球削减了近 1 万个工作岗位，那些被公司保留下来的业务现在看来也是缺乏策略的。一些产品线已经关停，投资也已被取消，像彗星（Comet），克罗斯克（Crisco）和积福（Jif）等品牌也被廉价出售。

在建立宝洁新秩序的过程中，最大胆的举措可能就是雷富礼宣布了一整套全新的创新方式。宝洁的企业创新基金在4年中增长了7倍。这些项目中的2/3都被削减。雷富礼称，将来，宝洁希望创新的50%都能来源于公司以外，而不再依赖于内部的研发。研发数量将保持不变，但是重点将放在最大化地发挥公司内外的创意上。

这里的逻辑非常简单。对于公司的每一位研发人员来说，在公司以外，有200位有才能的科学家或工程师能够为公司所用。虽然宝洁有7 500位研发人员，但他经过重新估计得出，全球有1 500万人拥有宝洁需要引进的知识。在这个拥有150.75万人的组织中，产品的研究与发展转变为“联系+发展”。

现实与发展

对“联系+发展”的定位非常重要。首先，要清楚“联系+发展”并不是将宝洁的研发能力进行外包，而是发现好的想法以此来加强和利用公司的内部能力。从本质上说，这是一种内包策略。其次，“联系+发展”并不是一个“转型”计划。

“联系+发展”侧重于三个领域：客户的需求（企业和

企业的每项业务作为一个整体，要辨别出消费者排名最靠前的十大需求）、相关物（可以帮助宝洁利用现有品牌价值的产品或服务），以及公司所谓的“技术竞赛委员会”（可以让宝洁评估一个领域的技术在业务上是如何影响到其他领域的规划工具的）。

“联系 + 发展”的核心是利用网络来获得新的想法。在传统的创新模式中，“技术知识”是关键，这也是企业最为关注的东西。在新的“联系 + 发展”的模型中，“知道谁有知识”成为了重中之重。宝洁所注重的网络是多种多样的，其中最主要的是为“联系 + 发展”量身打造的专有网络。比如，宝洁排名前 15 的供应商雇用了 5 万名员工进行研发，并建立了一个资讯科技平台来和其他供应商分享技术。在供应商和宝洁员工的共同努力下，更密切的工作关系和信息共享使得公司项目实现了 30% 的增长。

竞争对手也被视为其灵感的来源。宝洁还创建了一个叫作“技术企业家”的网络。“技术企业家”在全球共有 70 位，他们作为“联系 + 发展”的耳目，与本行业、教育业、供货商和当地的市场取得联系。“技术企业家”为宝洁提供了 1 万多个产品、创意以及宝洁需要的技术，它们中的任何一个都对宝洁日后的发展有很大的价值。

创新红利

最终，宝洁达成了目标。公司有一多半的创新成果都来源于公司以外。当雷富礼在2000年首次宣布这一大胆的目标时，这一数字还没达到15%。“联系 + 发展”策略使得投入市场的商品新增了250余种，营业额增加了数十亿美元。

开放式创新的必要性和普遍性正日渐凸显。

开放式创新受到了哈斯商学院（Haas School of Business）企业创新研究所（Institute for Business Innovation）开放式创新中心（Center for Open Innovation）执行理事亨利·伽斯柏的大力支持，他提供了另一种可替代的模式。

这一模式由软件开源运动所开创，它对创新持更加开放的支持态度。它通过在互联网上发布公开可见的计算机源代码颠覆了知识产权的概念。软件开源运动也可以使程序员获得代码并对其进行改写，从而为最终的产品做出贡献。在很多人的眼中（不仅仅是消费者），这样的结果为他们带来了更好的产品。Linux操作系统、火狐（Firefox）浏览器以及雷鸟（Thunderbird）电子邮件客户端都是功能非常强大的开源软件产品。伽斯柏指出：

> **我们已经从封闭式创新转向一种新的创新思维：开放式创新（open innovation）。这一新思维建立在一种认识上，**

> 即不管企业的规模有多大，不管企业的目标是什么，比如非营利性机构、大学或者政府机构，有用的知识会遍布社会的各个角落。这一新思维所做的是让车轮更快地向前滚动而不是重新发明车轮。
>
> 企业意识到，并不是所有的聪明人都在为他们工作。**在这个充满海量知识的世界里，囤积技术是一种自我限制的策略。**不管规模多大的组织，都再也不能忽视庞大的外部知识了。

张开创新的翅膀

如今，各个领域的企业都急切地想要掌握开放式创新的合作原则。在2002年《哈佛商业评论》的文章《开放市场创新》（*Open-Market Innovation*）中，达雷尔·里格比（Darrell Rigby）和克里斯·祖克（Chris Zook）指出了开放式创新的几个优点：它会产生更多的创意，获得更广泛的专业知识基础，从而提高创新的“成本、质量以及速度”；向第三方授权新的创新可能会在组织内产生需求刺激，从而更多地利用内部产生的想法；输出想法可以受到更严格的审查，因此会有一个更加严格的测试来检测该想法的经济可行性。

开放式创新的传播已经超越了软件开源运动而深入到了各个领域当中。比如在电子消费品市场中，很多行业领跑者意识到，如果不采用一种更开放的创新模式，他们的新产品就永远不能满足消费者的需求。

获得净利的是像台湾的广达电脑（Quanta Computer）和印度的维布络（Wipro）这样的企业。这些企业都被称为原始设计制造商（ODMs），它们为像戴尔和索尼这样的大品牌设计和组装电子设备。过去它们可能都按客户提供的设计规范来进行设计，而现在越来越多的是追求设计上的创新。

这样的研发外包也并不是没有风险。摩托罗拉曾让台湾的明基集团 (Benq Corporation) 作为其原始设计制造商来设计和制造手机。随后，明基就进入了中国的手机市场来销售自己品牌的产品。这当中也会受到投资者情绪的影响。当一家企业将包括创新在内的所有东西都进行了外包时，除了品牌以外还有什么专有价值呢？

开放的风险

对于大多数企业来说，不管它有多先进，可能都需要花一些时间来采用完全开放的创新方法。事实上，它们可能永远都不会这么做。**确保创新伙伴之间价值的公平交换仍然是一个挑战。**如果没有专利许可和内部研究所，开放式创新、联盟、合资企业确实会存在风险。其中最突出的则是不必要的技术转让、外溢以及漫长且昂贵的法律纠纷。在企业找到处理这些风险的办法前，新的创新模式可能仍然只是一个绝妙的想法，而不是商业现实。

虽然存在着风险，但创新能带来巨大的竞争优势。很多评论员和业内人士坚信创新是不可以外包的。不管是贴近客户的需求还是出让知识产权的风险，这都引发了很多争议。但外包创新目前正在发生的巨变说明了质疑者所持的观点是错误的。

伽斯柏在他 2003 年的著作《开放式创新：进行技术创新并从中赢利的新规则》（*Open Innovation: The New Imperative for Creating and Profiting from Technology*）中说："企业要想取得技术的进步，开放式创新是一个企业可以并且应该利用外部和内部想法以及市场内外部路径的范例。"

2006 年，伽斯柏写了《开放型商业模式：如何在新环境下获取更大的收益》（*Open Business Models: How to Thrive in the New Innovative Landscape*）一书，书中研究了企业如何对业务中创造和获得价值的方式进行创新。在 2011 年的一本著作《开放式服务创新：新形势下企业生存与发展的再思考》（*Open Services Innovation: Rethinking Your Business to Grow and Compete in a New Era*）中，伽斯柏又将注意力转移到了服务上。在书中，伽斯柏阐述了企业可以借助开放式创新，实现从以产品为中心到以服务为中心的转变。正如伽斯柏所说：

> 在过去的 20 年中，一切都发生了根本性的转变。但是有一点是不变的，**即没有一家企业可以在没有新想法的情况下发展壮大。**客户需求的不断变化、竞争压力日益加大以及供应商能力的不断发展，使得企业只有拥有了持续的创新思维才能领先群雄。我们面临的挑战是，这些关键知识的分布已经发生了变化，这对每个企业如何看待发展和创新都有重要启示。

开放有度

但是这并不是说所有的行业都已经或将要采取开放式创新。

比如，核反应堆产业主要依靠内部的想法，其劳动力流动性低，风险投资少，很少有实力较弱的初创企业参与其中，并且有相对较少的一部分研究在高校中完成。这一行业是否也会实现开放式创新，我们很难下定论。

另一个极端的例子是，有些行业已经实现了开放式创新。比如好莱坞，它已经是由制作工作室、导演、人才机构、演员、编剧、独立制片人和制作特效的专业分包商等组成的，这种形式的网络合作伙伴和联盟在几十年前就开始了创新。在这些行业中，劳动力的流动性惊人：每一位女服务员都是初露头角的女演员；每一位停车场的工作人员都有他正在创作的剧本。

像复印机、计算机、磁盘驱动器、半导体、电信设备、制药、生物技术甚至军事武器和通信系统等很多行业，现在都在由封闭式创新向开放式创新转变。这些企业的许多至关重要的创新都来自看似不太可能的来源，其创新地点已经从大企业的中央研发实验室迁移到了各种初创企业、各大高校、研发联盟以及其他外部机构。这一趋势远远超过了高科技产业。像汽车、医疗、银行、保险和大众消费品这样的行业同样也已倾向于开放式创新。

他们意识到，在这个充满海量知识的世界中，囤积技术是一种自我限制的策略。不管规模多大的组织都再也不能忽视庞大的外部知识了。

创新的 5 个因素

开放式创新的核心是思想的开放，即在任何时间、任何地点不管以何种方式都愿意接受任何意见。

事实上，绝大多数的创新都发生在大企业中，它们通常会面临着严重的官僚作风。华特意富商务咨询公司（?What If!）（一家创新咨询公司）联合创始人马特·金登（Matt Kingdon）称，**那些奋斗在大企业中的企业革新者才是创新中的真正英雄。**

金登在创新前线花费了20年的时间，为市场带来了新的产品和服务。在他的帮助下，联合利华（Unilever）、百事可乐、谷歌及英国维珍航空（Virgin Atlantic）等企业都变得更具创新性。

金登特别指出了机遇这一现象，它是创新过程中令人高兴的意外状况，但它可能没有我们想象中的那么随意。通过更好地了解这些意外发生的模式，大企业可以增加这些可喜的意外发生的机会。

比如，在辉瑞公司（Pfizer），伟哥的发明很大程度上得益于那几间用研究人员自己的话来说是“年久失修、破烂不堪”的办公室。化学家和生物学家整个团队都挤在一个随时可遇见的狭小空间里。这种看似无意的近距离接触有助于信息的传递和项目及思想的分享。伟哥的问世正是因为两个从事不同项目的科学家在走廊谈话，其中一位科学家得知了另一个领域的一个突破才实现的。

金登称，刻意培养偶然文化和环境的企业更容易赢得创新的青睐。他说："偶然的发明和创造性思维就像一块肌肉，你可以选择去将它练得更强或者任由其萎缩。"

在著作《创新之力：将创意变为现实》（*The Science of Serendipity: How to Unlock the Promise of Innovation in Large Organitions*）中，金登剖析了企业计划支持或阻碍创新的方式。他追踪了众多企业的管理者所面临的困境，详细介绍了解决这些问题，以及将这些好的创意变成现实所采取的步骤。

本书探讨了创新的 5 个关键因素：

- **第一，推动创新的人。**那些擅长把握机遇、主张让最适合的人来引领创新的人会对企业表示尊重，但是不会过于敬畏以至于不去变通规则。
- **第二，探索创新。**善于创新的人会故意寻找新的刺激来激起他们的思考。
- **第三，"梦想成真"。**善于创新的人擅长尽可能快地让想法变为现实，通过使用粗糙的模型和原型来使思想具体化。
- **第四，冲突理论。**培养机遇创新需要设计一个物理环境，使从事不同项目的人相互交流，分享想法。
- **第五，和企业斗争。**对于如何应对能轻易破坏创新的企业政治，金登也提出了建议。他的建议是和企业对抗吗？"它是企业的一部分，因此要克服困难，勇往直前！"

与大师对话

NNOVATION

马特·金登

Q:《创新之力》是一个很好的书名，但是我们猜测您在使用“科学”一词时相当宽松。

A: 是的，所有了解我的人都知道我并不是一名科学家，而是个讲故事的人，只是对机缘这一概念非常感兴趣。首先，这个词读起来非常有意思，它需要卷起你的舌头发出甜美流畅的声音。但是当我越仔细研究机缘这一词时，它就变得越微妙，发现的问题也越多，同时发现机缘与创新是如何在大企业中产生的这一事实之间的联系也越来越多。如果你细想的话，当你和一个在大企业的人谈论这些创新是如何产生的时候，在你将故事层层剥开后会发现，创新并不是很多聪明人围坐在会议桌边运筹帷幄。创新不是这样产生的，而是人们偶然相遇，开个临时会议或只是表面上看起来像是在开会时产生的。他们的思想放在正确的地方，运用中肯的态度，询问着正确的问题。他们会说：“我们找个周六一起工作吧！”或“你这是什么意思？”他们不会指责别人，也不会抛弃别人。正确的人，正确的地方，正确的态度和正确的行为，这才是真正关于创新的故事。

用来说明机缘或者企业是如何让自己更幸运（这是机缘的真正含义）的一个最好的例子就是伟哥的发明。我们都知道伟哥是干什么的，这个众人皆知的蓝色小药片曾用来让 12 个人在威尔士的卡迪夫做心绞痛实验。等周一早上回来之后，他们脸上带着笑说："我们不打算把药给你了！"研究人员打电话向辉瑞总部报告了这一意料之外的结果。

当时，辉瑞的研究人员驻扎在肯特郡一个叫作桑威奇（Sandwich）的小镇里。他们挤在一间破烂不堪的房子里，其中有些人无意间听到别人的研究结果，之后通过继续研究让这一结果问世。这是一种大杂烩，通过不同科学背景的人所提供的想法而形成我们现在所熟悉的混搭或原始黑客马拉松①。他们一起把故事拼凑起来后意识到，他们所发现的是可以大幅提高辉瑞公司价值的东西，这样公司就可以购买立普妥(Lipitor)（一种可以降低胆固醇的他汀类药物，是药学史上最畅销的药物，销售额达 1 250 亿美元）。这使得辉瑞成为了当时全球市值最高的企业之一。

这是一个神奇的故事。如何仅凭一个偶然的发现就能让一个企业如此强大呢？但事实是，机会并不像你想象中的那么多。有些想法事先就已融入了文化。

Q：这本书的副标题是"将创意变为现实"。当然了，这件事很具有挑战性，因为年轻人创建一家新企业、去迎

① 黑客马拉松源自编码潮流，是插件开发的主要形式：一群高手云集一堂，在几十个小时内开发出一款作品，择优而录。如今，它已成沟通、学习和测试新插件及吸引风投机构的新型论坛。——编者注

接风险、开拓创新是一件很好的事，但如果是在大企业中，这就会变得更困难。您能就此谈一谈吗?

A: 根据我多年的观察发现，如果你和在大企业就职的人谈论一名创业家时——我们都知道一些硅谷的著名创业家的名字，很多人都会对之嗤之以鼻，使劲翻白眼，因为他们都知道当你不经世事、一无所有时，去冒险对你来说是一件很趣的事。当你像我一样更成熟一点之后，你在一家大企业工作，组建了自己的家庭，有了依靠，谋得了一份工作，事业前途无量，这时的冒险就和在硅谷穿着很酷的黑色高领毛衣的20岁小伙子有所不同了。因此，我认为创新的真正英雄是那些在大企业中工作，承受着我们都知道的来自企业压力的人，这些企业往往通过产品的不断重复，可能每次做的会比之前好一点来获取收入，但是他们是创新的真正英雄。他们是如何让这些发生在大企业的呢?

Q: 像您所说的，创新有5个关键因素，我们一个一个来看。第一个是关于在一家大企业中推动创新的人。

A: **我把这样的人称为领导者。**他在大企业的创新中扮演着领导人物的角色。在大企业中可以推动创新的人有一个特点，这些人尊重他们所工作的企业，但是并不敬畏它。这一点是非常非常重要的。我称他们有一种“一分钟船长，一分钟海盗”的心态。这句话很重要，因为前一分钟他们还像船长一样站在船头说:“我们往这边走。”下一分钟你可能就会看到他们在船舱下面拿着有点旧了的管子，不按照操作说明来修理发动机。正是他们知道想要去哪儿或者知道要去做什么，这才激励了大企业中的创新者，他们表现得更像是一名海盗。

Q: 那第二个因素呢?

A: **第二个我称之为“探索创新”**。你在大企业中找到的是一个非常简单的等式，即它们给自己提供的情报通常和竞争对手给自己提供的情报是非常相似的。因此，同样的一批研究员会用同样的方式与同样的消费者沟通。你会发现很多创新的突破都来源于问了自己一个非常基础的问题，即我如何才能看到我的竞争对手看不到的、藏在石头下面的东西呢？我如何才能确保我得到的情报是有竞争力的、是最新的呢？

因此，我们跟踪调查了一些创新的企业，来看看他们在和什么样的客户打交道，他们的目标是什么，如何和人们沟通，从哪里得到了灵感。最终我们发现，很多创新都来自那些对你不满的人。他们诞生于边缘地带。如果你在一家大企业工作，就不想离开办公室去和那些常怀愤怒且不太喜欢你的工作的人在一起。但事实是，这些人所说的话才是你最应该听的。

Q: 第三个因素是我们知道的原型法吗?

A: **第三个因素我称之为“梦想成真”**。我故意不叫它原型法[①]、迭代法[②]或实验法[③]。这些都是非常有名的概念，尤其是在数字世界中。数字世界里接触客户不需要太多成本，并且可以很快地改变报价。已经经历了20年考验的华特意富商务咨询公司让我们有了这样的信念，即在创新的世界里，最重要的一件事可以说是我们现在可以把它实现到什么程度。这一点真的非常重要。

我们的结论是，不管你是在为一家旅馆还是在为一款新车讨论一个新概念，你都可以把你的概念阐述得更加真实一点。你可以把它画出来，或者把服务交付演示出来，或者将这些数字在设备上运行。但是在创新史上，真正成功的人在产品上做了很多小实验，这将他们与普通人区别开来。在大企业中，我们想要这么做的最简单的方法就是问一问自己，目前我们可以把它实现到什么程度？

Q：第四个因素您之前已经提到了，就是环境，要为创新创造一个适宜的环境。

---

① 原型法是指在获取一组基本的需求定义后，利用高级软件工具可视化的开发环境，快速地建立一个目标系统的最初版本，并把它交给用户试用、补充和修改，再进行新的版本开发。反复进行这个过程，直到得出系统的“精确解”，即用户满意为止的一种方法。——编者注

② 迭代法是一种不断用变量的旧值递推新值的过程，如从数值分析中通过从一个初始估计出发寻找一系列近似解来解决问题（一般是解方程或者方程组）的过程，为实现这一过程所使用的方法统称为迭代法。——编者注

③ 实验法是指有目的地控制一定的条件或创设一定的情境，以引起被试的某些心理活动而进行研究的一种方法。——编者注

A: 没错，**第四个因素我称它为“冲突理论”**，这是我反复提到过的，它所说的就是目前我们所处的环境。众所周知，我们所处的环境对我们来说是很重要的，但是我们不知道这是为什么。如今很多人工作的场所可能都有一个热闹的接待区。但是当你走上楼之后就会有很多小隔间，并且非常安静。企业有实用的会议室，但大多时候这些空间都不能带来灵感。擅长帮助人们增加交流机会的企业也擅长将不同的想法融合在一起，所以它们会利用这个空间来挖掘新的想法。

位于加利福尼亚埃默里维尔（Emeryville）的皮克斯动画工作室（Pixar）就是一个很好的例子。它们的一座大楼里有上千人，但只有两个卫生间。但是每个人都需要去卫生间，需要吃东西。如果白天各部门都可以让一部分人来上班，他们在想法上就会产生分歧，之后就可以将他们的想法整合起来。但首先得需要召开或计划一次会议，或者让人提前组织会议。

Q: 最后，创新中当然也存在着现实政治，这在每一家企业中都存在，您能就此说一下您的看法吗？

A: **《创新之力》的第五个因素是“和企业斗争”。**这一点是非常实用的。我从未在没有变革阻力的大企业中工作过，也没有和他们合作过。这种情况也不会发生。所以我想和创新者们说的有点像和初恋女友或男友分手后所给的建议：有时候最好的建议就是忘掉痛苦，继续前行。在大企业中创新总会遇到阻力，所能做的就是坦然接受。

但是你如何展示这些数字、想法，如何把反对者争取到自己这边来，如何从那些构成一个伟大想法的见解里分享欣喜，这些都是需要你提前计划好的。在大企业中，那些在创新上取得成功的人会仔细考虑在企业中一个想法形成的过程并提前为这场战斗做准备。

Q：管理者们常说我们一定不要害怕失败，但是也没有看到很多失败的人最终得到了提拔或重用。所以您是如何在害怕失败的情况下在企业中承担这些风险的呢?

A：在大企业中害怕失败是一件非常有意思的事。如果你和企业中资历老一点的人聊天的话，他们总是会说希望手下的人多经历些风险。如果你和他们的下属聊天，他们会谈到老板，并且会说老板不会让他们去冒太多的风险。想要降低风险的想法在牵制着人们前进的脚步。人们想去冒更多的风险，但是要去冒小的风险，做那些在能力范围内可以完成的事，那些你在正常的工作日就可以轻易完成的事，而不是那些你可能要做几个月并且需要支出很多资本的事。

首先，我们如何才能减少这里面的风险。其次就是要时刻牢记在一个企业里，传闻是使某件事发生或抹杀某件事最强有力的方法之一。现在，企业中的传闻、流言蜚语需要有关于创新成功的故事。

因此就要冒一些小的风险，取得一些小成果，并介绍成果产生的经过，以使你的创新动机更具有可信度。这样一来，因为人们可以目睹这一成果产生的经过，你就可以付诸实践了，他们就可以看到结果和你所做的事所带来的影响。因此，小一点的风险和故事是不管企业发展到哪一阶段都可以由人来掌控的两件事情。你还会发现企业中职位高的人更喜欢讲一些关于团队中有人可能行为有些出格，但却为企业做了贡献的故事。他们对企业非常尊重，但是他们没必要敬畏它，因为他们为企业做了贡献。企业需要那些有人为企业做出贡献的故事，如果你愿意，你也可以成为无名英雄。

Q：关于客户的表现如何，大多数的企业都有大量的数据。这对了解客户的需求以及管理者们找到还未满足的客户的需求有多大实际的帮助呢？

A：大多数的企业确实有很多的客户资料，但是问题是它们的资料太多了，完全淹没在了资料里。这些资料中有一大部分并不能真正体现客户的想法。作为一名创新者，你必须去经历风险。想一下，你必须做些不那么容易的事情，并且真正知道这是对的事情，还必须要有动力。在大企业中获得动力的方法通常是和那些遇到问题的客户或者和那些对如何能让事情更好地发展有想法的客户在任何地方进行交流，这可能需要你登门拜访，或和他的家人在一起或者是在他作出要购买的决定时和他交流。要试图尽可能地接近购买和消费的那一刻，尽可能地接近顾客所遇到的问题。

一旦你意识到问题，从某种程度上说，这就成为你的任务，你的口号是：这就是我将要改变的东西。现在，这些数据也是如此，但是并不是你在电子数据表中找到的那些数据，也不是市场调研员间接提供给你的数据。而是有经验、有感情的信息，这也是在大企业中创新者所需的最重要的事情。

Q：在大多数企业中，有一个公认的观点是：这就是我们行业的运作方式，这就是我们的顾客想要的。这使得人们很难去接受新的观点。您如何让人们信服这种观点是错误的而您的观点才是值得提倡的呢？

A：员工并无坏心。大多数的员工，事实上我所接触过的每一个人，都非常热心。当需要推动企业发展，希望让自己的同事成功的时候，他们都心怀善意。但是由于我们太过忙于工作，以至于当有人来告诉我们可以让事情有所进步的新想法（几乎都不是已经完成的想法，可能只是个比较粗糙的想法）时，有时候会成为一件让人讨厌的事。事实上，有太多的创意就是让人讨厌的事。

因此，如果越多的人能在企业的体系下展示一个想法是如何被采纳的，就有越多的想法可以变成现实。与其说“我有一个关于某事的大概想法”，还不如说：“我有一个想法，我把它描述出来了，并给我的妻子和孩子看过了，他们提出了以下意见，你想看一下吗？”突然之间这就不仅仅只是热情了，而是来自同事间的随意的谈话；突然之间这一想法就变得更加可信，更吸引人注意了。因此，我认为让一件事情在企业中运转的方法就是让这件事情变得尽可能的真实。

05

INNOVATION

BREAKTHROUGH
THINKING TO TAKE
YOUR BUSINESS TO THE NEXT LEVEL

05 未来在新兴市场

逆向创新

创新就是适应改变，新世纪的企业领导者需要创造一种新型的全球化思维，以适应改变，并且愿意去改变，愿意接受新的竞争方式，确保企业不会形成永久的舒适区。

维杰伊·戈文达拉扬
著名企业战略家
达特茅斯学院塔克商学院教授

代表作：《战略创新者的十大法则》《创新的另一面》《逆向创新》

◆ 企业建立的目的是为了效率而不是创新。

◆ 大企业创新三原则：
1. 必须打造一支独立于核心业务的精良团队。
2. 这支精良团队需要在企业的核心竞争力上相互合作。
3. 评价一个创新团队不能根据其结果，而要根据他们学习的能力。

◆ 提出逆向创新的概念：指创新产生于新兴市场然后再被带回到发达国家中。

◆ 逆向创新在企业中的应用。

INNOVATION

BREAKTHROUGH THINKING TO TAKE YOUR BUSINESS TO THE NEXT LEVEL

我认为，企业只有拥有具备全球化思维的领导者，才可以在新世纪中取得成功，因为在这个新时代里，机会已经从发达国家市场转移到发展中国家市场。

维杰伊 · 戈文达拉扬

创新的空间已经变得越来越广阔。全球的管理者会常常清除脑海中来源日益多样化的最新灵感和看法，它们的来源包括运动、艺术、科学等领域。灵感是没有边界的。

顶级主厨的创新

当我见到伦敦顶级主厨之一，同时也是肉桂俱乐部（The Cinnamon Club）的首席执行官和行政主厨维维克 · 辛格（Vivek Singh）后明白了这一点。肉桂俱乐部位于威斯敏斯特宫附近，这里曾经是威斯敏斯特公共图书馆。辛格自肉桂俱乐部的品牌成立以来，一直都是餐厅的主力军。

辛格使用了伦敦能找到的印度传统菜谱中最好的食材，重塑了印度料理，推出了一系列具有开创性的菜品。当餐厅取得成功后，辛格本可以停下来稍作歇息来享受大家的称赞，但他决定每天更新菜单，因此酒吧的水准也有所提升。辛格告诉我们：

> 我曾雇用过一位年长一些的当地员工，他来找我说："主厨，这本来跟我没什么关系，但是恕我直言，你做事要小心。你把你所有的想法都拿出来了，一旦有一天你的点子用完了，你就没有价值了，他们就会把你赶出去。你年轻，有激情，我对此非常尊重，但是你不用每天都更新菜单。"

辛格的想法却不同，他说：

> **事实上，你创造的越多，你的想法就会越多。**每次我们见面都会谈论这个，那位员工说："你以前做的是对的。通过创作新的菜品，你的点子就永远不会用完，你的新点子就会越多。"我认为这就是我们所发现的，也是我们团队所发现的。现在所面临的挑战是我们要达到预期。如今，取得商业上的成功也作为那些预期的一部分被提上了日程。我们在不断地创新，从未停滞不前。

辛格有着用不完的精力。对于他来说，下一个挑战来得还不够快。所有在热气腾腾的厨房里工作的人往往都需要更多的能量。而辛格是一位精力充沛的改进者和工匠，那些被他淘汰和更改了的菜品从来没有再出现过。“如果你把一些东西留在菜单上太久，人们就会适应它。一旦人们对它适应并且开始认识它之后，就不会去尝试其他的东西和实验的新品。”辛格说，“对我们来说，我们所做的改变是非常重要的；改变是我们菜单上永远不变的一件事。不管你有多成功，你总会变成成功的牺牲品，因此我们需要适应改变。”

确实如此，最受欢迎的菜品最终也会被慢慢淘汰。在每年的年末，那些最成功的菜品总会被从菜单中勾销并被其他菜品取而代之。辛格解释说，这种改变可以确保人们不会形成永久的舒适区。“销量最高的菜品会受到过高的评价，在这个意义上说，它可能会占到销售额的 40%。因此，在肉桂俱乐部里这可能意味着 4 万人吃着同一道菜。一段时间以后，不管多有激情的主厨都会感到疲劳，因此，兴奋、热爱和激情都将不复存在了。”

改变会让主厨充满新鲜感。另一方面，辛格也不愿意仅仅因为菜品卖不出去而做改变。“如果菜没有销路，这说明问题出在顾客或者推销菜品的人身上。所以，如果菜卖不出去，这就意味着我的员工没能解释好这道菜，或是顾客没有足够的冒险精神去尝试。”

创新的另一面

还是美食的主题，我们和维杰伊·戈文达拉扬，简称为VG，在其中一家他最喜欢的餐厅里探讨了关于创新的看法。

戈文达拉扬任达特茅斯学院（Dartmouth College）塔克商学院（Tuck School of Business）的国际商务学教授，2011年凭借设计了一套价值300美元的住房的理念而荣获“全球最具影响力50大商业思想家”中的“突破性创意”奖。

戈文达拉扬已出版的作品共有9本，包括全球畅销书《战略创新者的十大法则》(*Ten Rules for Strategic Innovators*)、《创新的另一面》(*The Other Side of Innovation*）和《逆向创新》(*Reverse Innovation*)。从根本上说，戈文达拉扬认为，**企业建立的目的是为了效率而不是创新。**

与大师对话
INNOVATION
维杰伊·戈文达拉扬

Q: 为什么您说企业建立的目的是为了效率而不是创新?

A: 创新的一个方面是产生想法，另一方面是执行，这就是这个话题的重点。

拿纽约时报公司来说，150 年来，它在报纸业中的业绩都非常突出。在这一领域中注重的就是效率。在 20 世纪 90 年代中期，其有位经理提议："现在有了一个叫互联网的东西，我们最好能在互联网中可以以新形式出现。"因此，该公司就创办了数字版《纽约时报》，在网络上以自己的方式开创了一种新的商业模式。尽管核心业务是要提高效率，但同时也有创新。如何在同一家企业中让两种相互冲突的模式并存呢？这才是真正的挑战。

Q：它们在本质上是相互冲突的吗？

A：《纽约时报》的核心业务是印刷报纸，这是一种重复性且可预料的工作。可重复和可预见性的工作越多，效率就会越高。而创新是与之相反的，它是非常规、不可预测的。这是它们之间相互冲突的地方。

Q：大企业难道不应该放弃创新吗？它们可以将创新外包或者从其他地方引入。

A：这就是熊彼特的观点，即创造性破坏，一家企业被另一家企业所毁灭。我所述问题的前提是，如果一家企业不创新，它就会灭亡，因为每一种商业模式的寿命都有限。最终，这家企业的生命周期将和商业模式的生命周期一样，我们不希望发生这样的事情。

Q：您如何定义这一领域中的创新呢？

A：我眼中的创新就是适应改变。再回到出版业的例子上，其中一个大的改变就是互联网，这是一个必须去适应的技术变革，这就是创新。

Q: 大企业在开展创新时要遵循哪些原则呢？

A: 我认为要遵循的原则非常简单，主要有三点。但是，尽管说起来容易，真正实施起来还是有难度的。

原则一：建立独立的精良团队。如果想要创新，你就必须打造一支独立于核心业务的精良团队。

原则二：精良团队与绩效引擎通力合作。这支精良团队虽然独立于核心业务，但是不能与之隔离。他们需要在企业的绩效引擎，即核心竞争力上相互合作。

原则三：学习能力评定创新，按照定义来说就是实验，是结果未知的实验。因此，评价一个创新的团队不能根据它的结果，而要根据它学习的能力。

Q: 第一个原则听起来和“臭鼬工厂”[①]的原则差不多，这一概念并不新鲜，您的建议和它有什么不同呢？

A: 这不同于臭鼬工厂的原则，因为臭鼬工厂会说：“我们把创新团队派遣到远离核心业务的底层。”但是我们认为创新是一项需要精良团队和绩效引擎通力合作的活动。因此，不能将创新者孤立开，他们必须在核心业务上密切合作。

① 臭鼬工厂是洛克希德·马丁公司高级开发项目的官方认可绰号，其以担任秘密研究计划为主，以研制隐形飞机和侦察机而闻名。——编者注

Q：您多次提到了绩效引擎，它是什么意思？

A： 绩效引擎是指企业的核心业务，因为每个企业都有一项中坚业务。这项中坚业务是基础，永远都不能垮掉。所以绩效引擎就必须保持良好的运作，创新只是未来的一个实验，而绩效引擎却是现在的基础，它提供了企业可以投入在创新中的资金。

Q：领导力在这当中扮演着什么角色呢？

A： 领导力是非常重要的，因为当我们说创新是一支精良团队和绩效引擎之间的合作时，领导就需要保证这种合作的伙伴关系是健康的，因为它们二者本身存在着冲突。绩效引擎是常规和可预见性的，而精良的团队是非常规、不可预见的。因此，如果试图让这两者合作，就会产生冲突。

避免产生冲突的一个方法就是将它们分开，这是臭鼬工厂的做法，但是这样做就会失去中坚业务的优势。因此，领导的角色就是让它们一起工作，创造性地管理它们。

Q：在您做研究的过程中，有什么让您真正感到惊讶的研究结果吗？

A： 有一件事让我们都大吃一惊。在开始做研究的时候，我们以为需要不同的执行机构来做不同类型的创新，包括渐进式产品创新、突破式产品创新、维持式创新、商业模式创新等。因此我们认为对于不同的创新种类，执行的方式可能也会不同，但结果发现，我所列出来的三点原则具有广泛的适用性。有一本能适用于实施任何种类创新的指导手册就再好不过了。

Q：您觉得跨国企业会从您列出的提纲中学到东西吗？

A： 当然，因为当我们和企业探讨的时候，它们反复说最大的困难就在执行上。有两种形式的执行。一种是日常的执行，就是绩效引擎所做的，还有一种就是创新执行。它们遵循的准则完全不同，企业一般都非常善于日常的执行。对于创新执行，它们所缺乏的是一个框架、一整套的想法和见解。

Q：商学院的教学是否也造成了企业专注于效率而非创新的情况？

A： 我认为整个创新这一概念的出现都是一个相对较新的现象，一个新的重点。甚至是管理学，它作为一门学科也是相对较新的。当我们从 20 世纪 70 年代中期开始对它进行研究时，战略的概念在迈克尔·波特的五种竞争力量中被描述为稳定性。他认为应该在所在的行业中找到一个位置，然后要设立准入壁垒来保护这一位置。到了 20 世纪 90 年代中期我们才说战略是一种不稳定性：它需要做出真正的改变，需要进行真正的创新。因此，大约 15 年前才产生了战略创新这一概念，所以研究创新执行更是最近才出现的。

Q: “执行”这个领域非常有趣，因为这是管理者所引以为豪的，但是您却说他们的眼光过于狭隘了。

A: 当他们说将重点放在执行上，并且说这是他们的强项时，他们所说的是擅长日常的执行。事实上，创新执行是完全不同的。日常执行的方法会扼杀创新，所以他们只知道等式的一半。我们要告诉他们的是，等式还有另外的一半。

Q: 您如何来教授创新呢?

A: 正如我所说的，创新有两个构成因素，其中一个方面是想法，创造力。这一点可能很难去教，因为创造力是一种艺术，是一种与生俱来的东西。尽管有些人会说你可以对过程进行组织安排，这样你就可以变得更有创新性。但是创新大多指的是商业化的创新，而商业化的创新是可教的，因为它有一套可以让你产生想法并能应用到实际当中的严格流程。因此，这一部分创新是可以教授的。

Q: 有人讽刺说，如今的一些起源于创新的大企业，比如一些汽车公司，在 20 世纪初时是创新者，但是现在很可能已经和创新无缘了。

A: 事实上，这一讽刺在每一家企业都存在，因为作为一家初创企业，取胜的唯一方式就是创新。如果你没有创新的想法，企业就会倒闭。只有企业创新，企业才会取得成功。但是它们忘了，这一创新的过程必须是持续性的，因为不管在任何时候，停止了创新，企业还是会走向灭亡的。因此，在某种意义上，你说我们需要回到起点并说："在当时是什么让我们如此具有创新性，我们如何能保持那种精神或找回那种精神呢？" 这是对的。

Q： **更悲观的人可能会说，事实上，创新可能被高估了，那些成功的企业通常并不是最具创新的企业，而是像亚马逊这样第二个进入市场的企业。伦敦商学院的康斯坦丁诺斯·马凯斯教授认为第二个进入市场的企业是最成功的。**

A： 我这样来回答这个问题：我所定义的创新是适应改变。第一个进入市场的人一定会犯很多错误，但他可以从这些错误中学到经验。最终，这些经验为他牟利或为他所用并且取得成功。我们的重点不是谁是第一个或谁是第二个，而是不管是第一个还是第二个，所面临的执行挑战是一样的。

逆向创新的智慧

2008 年，戈文达拉扬从塔克商学院离职后在通用电气公司任职了 24 个月，是该公司的第一位教授和首席创新顾问。

在通用电气公司，戈文达拉扬有三重角色：教课、指导并和通用电气公司的管理人员对创新实践和重点项目进行商讨。戈文达拉扬也和该公司的首席执行官杰夫·伊梅尔特

（Jeff Immelt）一起共事，并在《哈佛商业评论》上发表了文章《通用电气的自我颠覆》（*How GE Is Disrupting Itself*）。

这篇和伊梅尔特以及其长期的合作伙伴克里斯·特林布尔（Chris Trimble）共同完成的文章介绍了逆向创新的概念。和传统的预期不同，逆向创新是指创新产生于新兴市场然后再被带回到发达国家中。《哈佛商业评论》将逆向创新评估为10年中最重要的观点之一。戈文达拉扬和特林布尔共同完成的《逆向创新》一书在2012年出版。

当我们和戈文达拉扬交谈时，我们以询问逆向创新的概念作为开始。

与大师对话

NNOVATION
维杰伊·戈文达拉扬

Q： 您能解释一下逆向创新的概念吗？

A： 如果你回想过去的话，全球的企业都在它们的本土市场上进行创新，一般都始于发达国家，然后把自己发明的产品带到发展中国家去。逆向创新所做的恰恰相反。创新要在新兴市场中完成，之后再将这些创新带回到发达国家的市场中。

Q: 全球本土化这一概念在20世纪90年代是一个伟大的想法，是一个让人望而生畏的词，所以逆向创新和它是相反的吗?

A: 是的。全球本土化在历史上发挥过作用是因为在20世纪80年代和90年代，美国企业将它们的产品打入到了欧洲和日本市场，其消费者和美国的消费者相似。但是它们很难进入新兴市场，因为新兴市场的整个市场结构和消费者情况都是完全不同的。

拿人均国内生产总值（GDP）来说，印度是800美元，美国是5万美元。因此，在美国这个人均收入达到5万美元的大众市场中生产的产品很难适应人均收入800美元的印度市场，并很难在这里销售。

Q: 您能就逆向创新在通用电气公司起的作用举个例子吗?

A: 比如说超声波机。在美国，超声波机就像一台电器，它体积庞大，笨重。一台机器要花费10万到35万美元，但可以处理各种复杂的应用程序。

再想一下印度的情况。60%的人口居住在没有医院的农村，因此病人不能去医院。在印度的大部分地区，医院必须要去找病人。这就意味着无法使用这些笨重的机器，机器必须是便携式的。此外，消费者的承受能力也不同。因此通用电气公司就创造了一款便携的低价超声波机。它大概售价为1.5万美元，费用只是通用电气公司在美国销售的大型机器的一小部分，同时它打开了中国和印度的广阔市场。

现在，这些便携式超声波机器进入了美国并且创造了新的应用。这是很好的逆向创新的例子。

Q：近来，印度还只是占通用电气公司 1% 的市场份额吗?

A： 这在很多跨国企业中都是非常典型的，因为它们向印度和中国这样的国家销售美国的产品。这就意味着它们在这些国家中获得了 1% 的机会，因此，这些国家代表了 1% 的全球收入。但今后，这些新兴市场将拥有一个巨大的增长机会。事实上，我曾说过在接下来的 25 年中，跨国企业最大的增长机遇将会是消费者会从富裕国家转移到贫穷国家中。

Q：这会转移创新的重心吗? 如将创新的重点从美国的研发机构转移到像印度这些地方进行创新。

A： 毫无疑问，对于美国和欧洲的跨国企业来说，最大的改变就是他们将把重点转移到下一个可能会产生创新的地方。对于组织来说，这就意味着挑战。组织必须将自己的资源安置在有机会的地方。也就是说必须将产品的开发、外包和战略营销能力进行本地化。这可能是跨国企业在心态上面临的最大问题了。

Q：通用电气公司实施逆向创新有多久了?

A: 这是一个相对较新的概念，由于消费者从富有国家向贫穷国家转移这一巨大的非线性转变发生在近五年内，所以，逆向创新在这些年内得以流行开来。印度和中国在过去的很多年中开始对外开放，但是直到近 5 年，我们才看到在这些国家出现了大规模的中产阶级。

Q: 逆向创新听起来是一个明智的想法，您觉得它在大企业中会遇到哪些阻碍？

A: 大企业在逆向创新中遇到的最大的问题可能就是企业过去所取得的成就。我们谈到过全球本土化，它需要将全球的商品销售到本土市场中，但是全球本土化需要一个完全不同的组织结构。因此在全球本土化上做的越成功，就越难以在逆向创新上取得成功。所以，最大的瓶颈可能就是过去所取得的成就。

Q: 通用电气公司在发展过程中也遇到过这些瓶颈和问题吗？

A: 当然了。举个例子来说，在印度有位名叫拉贾（Raja）的管理人员，它是印度通用电气医疗集团（GE Healthcare）的负责人。5 年前，在全球本土化的模式下，他的主要职责是分配全球的产品。如果他必须要想出一个新的概念来解决印度消费者的医疗问题的话，首先，他必须要在周末完成，因为在工作日他要忙于销售全球的产品。但是即使在周末写完了提案，他还需要将他的想法卖给远在美国密尔沃基（Milwaukee）的全球产品负责人。而这名负责人可能从来都没有来过印度，所以他不了解印度农村的问题。即使拉贾可以说服他，也还有很多其他人也需要被说服，所以这是一个巨大的组织上的挑战。

Q：此外，这里还存在着巨大的文化挑战，因为这名负责人在密尔沃基，这对他来说并不是个好消息。但是这对在印度的人来说却恰恰相反，因为这样可以让他们的工作更有趣并且有更多的工作机会。

A：你谈到了问题的关键。这里存在着文化转型，首先需要在最高层做出改变。要感谢伊梅尔特的是，他去了印度和中国，并且鼓励各个企业的首席执行官都能到这些国家亲身感受。

当伊梅尔特和中国的总理坐在一起谈论国家要事时，他得到了在中国可行性的第一手资料。或者当他和印度公司的首席执行官会面时，他了解了如何在印度取得成功。对于首席执行官来说，这些亲身体验是实现这种文化转变的起点。

Q：所以，它真的改变了美国和欧洲像通用电气这样的企业中的领导者的工作吗？他们现在的角色和之前的不同了吗？

A：是不同了，他们要创造一种新型的全球化思维。我认为，企业只有拥有具备全球化思维的领导者，才可以在新世纪中取得成功，因为在这个新时代里，机会已经从发达国家市场转移到发展中国家市场。

从历史上看，15 年以前，跨国企业曾经认为他们的全球策略就是对欧洲、美国、日本和其他发达国家的策略。从今以后，他们所考虑的全球策略要包括对金砖国家、中东、非洲及包括美国、欧洲和日本在内的其他国家的策略。这是思维方式上的转变。

Q：您认为美国的管理人员具有这种全球性思维吗？众所周知，美国只有 25% 的人才真正拥有护照。

A：这可能对美国的跨国企业来说是最重要的挑战。它们有很多人才，但是这些人才有全球性思维吗？这还是个问题。所以对于美国跨国企业的首席执行官们来说，最大的挑战是他们如何才能养成那种思维模式。

Q：通用电气公司的前首席执行官雷吉 · 琼斯 (Reg Jones) 在 20 世纪 70 年代因投资规划而名声大振，杰克 · 韦尔奇因六西格玛（Six Sigma）[①]和很多其他事情而为人所知，您认为伊梅尔特将因什么来被载入史册呢？

A：在通用电气公司，有一件有意思的事是，它更换首席执行官并不是因为人的自然原因：首席执行官年纪大了，所以需要有另一名首席执行官来代替他。而是因为公司想要做出变革。事实上，每位首席执行官都会对企业提出新的战略框架，这不是因为旧的框架毫不重要，而是因为这是一种新的环境。

---

① 六西格玛概念于 1986 年由摩托罗拉公司的比尔 · 史密斯提出，此概念属于品质管理范畴，西格玛是希腊字母，这是统计学里的一个单位，表示与平均值的标准偏差。旨在生产过程中降低产品及流程的缺陷次数，防止产品变异，提升品质。——编者注

伊梅尔特提出的战略框架在保持韦尔奇提出的绩效规章不变的情况下，是如何加入创新的准则的呢？他能很好的把创新融入一个以效率著称的企业这将成为评判伊梅尔特留下的财富的标准。

Q：如果没有继续发展的空间的话，通用电气公司似乎非常擅长于打破原有的方式，在过去的 100 年中真的都是这样的吗？

A：是的。我认为这对通用电气公司来说是一件好事。这是一家拥有超过百年历史的企业，可以存活这么长时间的唯一方式就是不能让产品和解决方案过时。这确实是它的特点：**它愿意去改变，愿意去接受新的竞争方式。**

Q：通用电气公司有什么让您惊喜的地方吗？您之前都没有和大企业有过如此紧密的合作，是吗？

A：真正让我惊喜的是，我从来没有想过一个人可以有如此大的影响力，尤其是像通用电气公司这样拥有 30 多万员工的大企业。作为一个局外人，我惊奇地发现，我有着一个局内人没有的优势。我在那里没有高的头衔，没有巨额的预算，也没有在经营一家大企业，但是因为我是以一名学者的身份对它进行了解的，所以我的观点是公正的。

06

INNOVATION

BREAKTHROUGH

THINKING TO TAKE

YOUR BUSINESS TO THE NEXT LEVEL

06 走出舒适区

管理创新

管理创新是一个非常重要但又容易被忽略的因素，它却能带来真正的经济进步和意义深远的优势，它在我们如何促进组织、计划、分配以及评价这些事情上取得了根本性的突破。

朱利安·伯金肖
伦敦商学院战略与国际管理系教授

代表作：《管理是一种风格——彻底执行的上上策》《追求卓越》

- 管理创新是一个非常重要但又容易被忽略的因素。
- 管理创新具备的4要素：
  1. 关于未来独特且新颖的观点。
  2. 一个有待解决的明确问题或挑战。
  3. 一个可以在企业中推动新想法实施的核心团队，其中要包括想法独特的思考者和行动者。
  4. 对于需要克服的传统观念有深入的了解。

加里·哈默
世界一流的战略大师
当今商界战略管理的领路人

代表作：《竞争大未来》《管理的终结》《启动革命》

- 走出舒适区，战略的制定需要具有颠覆性。伟大的战略都来自勇于打破现状和做些与众不同的事情。
- 推动管理创新的动力应该来自公司的高层。
- 21世纪面临的两大威胁：
  1. 紧缩
  2. 渐进
- 相信“新的声音”是企业持续保持成功的唯一方式。
- 只有那些能够引领行业革命的企业才能在新的经济时代中蓬勃发展。

INNOVATION

BREAKTHROUGH THINKING TO TAKE YOUR BUSINESS TO THE NEXT LEVEL

越是在经济困难的时期，公司就越希望节省开支，激进创新就越成为唯一的出路。在一个不具连续性的世界中，只有激进式创新才能创造新的财富。

加里·哈默

管理并非是一成不变的。21世纪第二个10年，管理人员的管理方式已经和上世纪末的管理方式有了本质上的不同。即便如此，近几年对革命而非改进的强烈呼声充斥了整个管理领域。

关于管理障碍，呼声最高的是伦敦商学院的朱利安·伯金肖和《竞争大未来》的合著者之一加里·哈默。**他们注意到了管理创新的重要性，即一家企业对自己内部的工作方式采取根本性变革的能力。**通过研究那些业绩突出的企业，伯金肖和哈默认为，**管理创新是一个非常重要但又容易被忽略的因素。**正如他们所说：

在20世纪初期，通用电气公司发展到了标志性的地位，

> 这主要是因为它创建了世界上第一家现代研发实验室。通过将管理规则应用到杂乱无章的科学研究过程当中，通用电气公司可以比其早期的竞争对手更有效地向市场输出更多新的产品。举一个当代的例子，丰田汽车公司长期以来被誉为全球最好的汽车制造商。它的伟大成就很大程度上要归功于它能成功地解决所有员工的技能和技术掌握问题。
>
> 管理创新对通用电气公司和丰田汽车公司的成功来说都居于核心位置。创新企业的做事方式对于获得竞争优势来说具有关键性的作用。此外，值得注意的是，竞争对手要想仿效通过管理创新而获得的优势并不是一件易事，甚至是一件不可能的事。

伯金肖和哈默在他们创立的管理创新实验室的研究中发现，当进行管理创新时，需具备以下 4 个因素：

- 关于未来独特且新颖的观点。
- 一个有待解决的明确问题或挑战。
- 一个可以在企业中推动新想法实施的核心团队，其中要包括想法独特的思考者和行动者。
- 对于需要克服的传统观念要有深入的了解。

经验的暴政

哈默的管理创新是企业设置课程时的必选课。他的建议可以简单准确地总结为：**走出舒适区**。他说：

> 战略的制定需要具有颠覆性。伟大的战略都来自勇于打破现状和做些与众不同的事情。

哈默认为，推动管理创新的动力应该来自公司的高层。

> 瓶颈位于瓶子的顶部。坚持捍卫正统战略的是那些高级管理人员，战略的制定需要摆脱他们的经验暴政。

对于那些把控着公司战略流程的人，哈默建议："战略的制定就是放手。"不放手所带来的惩罚是什么？哈默认为，21世纪面临的两大威协将是：**紧缩和渐进**。他曾宣称：

> 大多数的企业都没有除紧缩以外的战略。紧缩战略不会为你买来发展，买来未来，最多能给你买来时间。

在哈默看来，渐进主义可能在上个世纪有过一席之地。在20世纪80年代初，企业都想要通过裁员、扁平化、重组以及像全面质量管理等盛行一时的方式来扩大企业规模或谋求更大的成功。

"如今，取得更大成功的目标已经根植于我们的思维、语言、奖励机制和任何我们所做的事情中了。"哈默表示，这些技术必须被丢弃到历史的垃圾箱中。"我们需要有新的指标"。现在企业使用的大多数指标，比如投资回报率（ROI）

和经济增加值（EVA）等使得我们只关注渐进式的改进。我们依然对处于创新对立面的管理流程深信不疑。

这些新的指标最好可以和现有的两个相关因素产生某种联系，即新员工和激情。**企业需要相信“新的声音”，它的出现和“高层管理人员放手其现有战略并引进新人，年轻人和来自不同群体的人能给战略的制定增加丰富性和多样性”的想法相一致。哈默说：**

> 这是企业持续保持成功的唯一方式……同样的人一次又一次地谈论相同的问题不会有任何成效；新的机遇源于之前那些被孤立的人身上。

当有了新的指标之后，激情会对独特的有效战略做出非常重要的贡献：**“战略为人所深信不疑，有着与众不同的竞争力，并能更好地发挥作用。”**

意义深远的优势

哈默认为，**在21世纪的企业界中，战略的制定必须要围绕着创新来进行。**创新既不能被只分派到研发部这样的部门中，也不能被限制在定期的企业创新突击中。在企业的任何方面都需要对其投入不断地关注，哈默说：

> 我认为越是在经济困难的时期，企业就越希望节省开支，激进创新就越成为唯一的出路。**在一个不具连续性的世界中，只有激进式创新才能创造新的财富。**

激进式创新不是“父辈”的创新，就像“首席执行官们说，他们需要创新并把创新的重要性排在前二或前三的位置上”。哈默认为，问题出在每个人都应肩负起创新的责任上：

> 在企业中降低一点级别并且和中层的员工谈话……很显然，大多数企业还没有进行有意义的制度化的创新……这看起来并不是每位员工每天的职责。

但是这样做的回报对企业取得长期的成功有着决定性的作用：

> 像惠而浦、西麦斯、壳牌等能够致力于创新的公司都会有巨大的优势……在过去的 40 年中，西方的汽车制造商都没能和他们的日本竞争对手夺回哪怕 1% 的市场份额。

为了避免相似的命运，哈默说：

> 需要从根本上重新思考最基本的商业原则……创新是一个企业目标的核心。我们需要系统地培养有新的思维方式的人……我们必须重整管理流程，将创意和创造财富之间花费的时间降到最短。需要缩短时间和进行自动化的不是供应链，而是创新链。真正的创新者不会受到“是什么”的约束，相反，他们会想可能“有什么”。

哈默认为这些梦想建立在他所说的经济进步之上。现在有社会创新、制度创新、技术创新以及管理创新。**管理创新会带来真正的经济进步。**在我们学会如何将人聚集在一起大规模并且高效地工作之前，其他的创新虽然也都非常重要，但是它们在改变我们的生活水平上并没有带来根本性的结果……**证据表明，管理创新会带来长期的优势，它在我们如何促进组织、计划、分配以及评价这些事情上取得了根本性的突破。**

哈默的创新论

哈默在谈论 21 世纪的企业创新时多次使用了“激进”这个词，比如：“你能想象管理者在做事方式上发生的激进和深刻的变革吗？”

但是《财富》500 强中的业绩领袖可能会认为这是一个令人担心的词，而哈默似乎认为这个词有利于激励人心，因为他在硅谷成立的咨询公司——策士公司（Strategos），声称会帮助客户完成“激进式创新”的目标。哈默提醒说：

> 激进式改变和激进式创新都不再供企业选择。21 世纪前 20 或 30 年的管理变革实践可以和 20 世纪初期的一样彻底吗？我相信是可以的。而且我相信我们也必须要这样

> 做。21 世纪的企业领导者至少和 100 年前的行业先驱所面临的挑战是同样令人生畏、激动人心和史无前例的。

人们可能认为大多数企业领导者和披头士乐队所表达的情感不同，他们并不是想要一场可以改变世界的革命。哈默可能认为不管有没有企业的高级管理者，世界都已经发生了改变：**“只有那些可以引领行业革命的企业才能在新的经济时代中蓬勃发展。”**

哈默对管理者所处的困境表示同情，他在《管理的终结》（*The End of Management*）中写道：

> 我们已经学习了如何利用我们职位的特权、获得的权力和优良的职业作风来获得成功。一谈到革命，特别是管理革命，就会让我们紧张不安。人们都想知道如果管理的规则和角色都发生了彻底的变化后，谁会取得最后的成功？然而，尽管我们都倾向于保守……但真正的进步需要革命的推动。

因此，毫无疑问，哈默在他早期的一部著作《启动革命》（*Leading the Revolution*）中，建议企业采纳他的建议：**设立不合理的目标、广泛定义业务、共创事业、倾听新员工的想法、将大企业拆分为小部门等。**

哈默认为，最终不会有太多企业听从他的建议，正如他所说：“真正具有革命性的全球化商业模式，不是每天或每

10 年都会出现的。”多年以来，他始终对这一问题倾心投入，因此企业应该非常需要他。

与大师对话

INNOVATION

加里·哈默

Q：我们需要对管理进行改造是因为它出现了什么问题吗?

A： 我认为，首先我们必须问问为什么要发明管理?

我们通常并不会把管理视为一种技术，而我也并不这么认为：它是人类成就的技术，是人类用来做事的工具。在某种意义上说，管理有着非常悠久的历史。的确，现代管理创立于大约 100 或 120 年以前，用来解决“如何让技术有限或者没受过教育的人在反复做同样事情的时候能不断提高效率”这一主要问题，这也是个有待解决的关键问题。如今你的车库中停放着几辆轿车，你的每个口袋里都装着电子设备，你不用花费 80% 的时间来种植食物，这些都得益于那些管理先驱已经知道了如何用高效的方式来做事。

不幸的是，对于今天大多数的企业来说，效率和简单的大规模做事已经不再是最重要的问题了。它们担心的是如何变得更具适应性？如何变得更有创新性？如何真正让员工的想法和创造力都参与其中？这些问题很大程度上都超出了原来的管理1.0版本。

Q：您用行动证明了自己的声誉并成立了管理创新实验室。能谈谈您成立管理创新实验室的目的吗？

A：我们最先问自己的是，管理和人类基因组计划、把人送上月球或找到治疗艾滋病的方法的相同点在哪儿？我们为什么不能对这项长期以来我们都认为是理所应当的技术做出重大的改变呢？我们在不断延续着过去100年的实践和原则。因此，成立管理创新实验室旨在加快这一技术取得最新进展，主要途径是创造一个开放的创新平台，来自世界各地的人都可以贡献出他们关于如何更好地分配资源、创建计划、设定方向、评估绩效、支付薪酬和激励人心等具有突破性的想法。但是，我们真正要做的是给全世界的每一个人创造一个“只要你愿意，就可以来进行管理”的机会。

Q：我们特别谈到了管理创新，它和传统的创新有所不同，您能具体解释一下它们之间的差异吗？

A：好的。我们几乎都能想到创新的层次结构。最底端是运营创新，即企业每天都去做的那些能提高效率和生产率的事情；很多员工都从事和IT、用户支持等相关的工作。再上一层是类似生产最新的平板电视或新型金融工具的产品创新。再往上是商业模式创新，就像是Facebook、宜家、美国西南航空公司所创造的那样。

在最顶端的是管理创新，它在组织人类生产方式上取得了根本性的突破。如果你追溯至100年前或工业时期，就会发现竞争优势最重要、最持久的转变并不是来自产品、技术或商业模式的创新，而是来自管理创新。

管理创新是要改变管理工作的完成方式（我们如何分配、计划、指导等）或改变谁来做某一项工作。在任何一家企业中，不管规模如何，改变管理工作的唯一方法就是改变管理流程过程，即管控工作完成方式的常规方式：如何提交预算申请，如何评价员工等。**因此，管理创新真正关注的是那些能促使企业不断向前发展的核心管理过程。**

Q: 您能举几个例子吗？

A: 我来举三、四个突出的例子。回到20世纪之初，通用电气公司和托马斯·爱迪生合作创建了全球第一个研发实验室。人们长期以来都在从事科学研究，但是通用电气公司将管理规则引入了科学。因此，爱迪生说，我们现在可以每六周就实现一个小的突破，每6个月实现一个大的突破。以前从来没有人把科学做成计划。经过几十年的发展之后，通用电气公司比世界上任何一家企业所取得的产业专利都要多。

几十年之后，通用汽车公司发展成了一家不管在经济规模上还是业务范围上都非常庞大的企业。当时的董事长对年轻的职员艾尔弗雷德·斯隆说："我们如何让现在的混乱变得井井有条呢？"他发明了事业部制组织结构这一概念，即将财政政策集中，但要分散经营。后来这一概念成为所有多元化经营企业的模板。所有的大型企业都有一些通用汽车公司的元素。遗憾的是，这是通用汽车公司最后一次扮演真正的管理创新者的角色。

离现在更近一点，37 年前，丰田汽车公司最伟大的一个突破就是解决了员工问题。因此，随着时间的推移，你要如何对待生产一线的员工，让他们学会统计过程控制和柏拉图分析法 (pareto analysis)，并且要对提高质量和效率负责等技能呢？这是与过去的一次彻底决裂。

近来，我们看到了开放式创新。即使是 10 年前，如果我们调查了全世界的上千位首席执行官并说：“有一帮不懂层次结构和正式管理过程的志愿者，他们来自全球的各个国家，你能预见他们可以创造出与有着数百万行程序代码的计算机操作系统一样复杂的东西吗？”他们中的很多人可能会很难想象这是真的。因此，这些例子表明了我们对管理的看法发生了变化。当你回溯过去，看这些变化是如何发生的时候，就会发现它们通常都会涉及一位非常有进取心的管理人员和来自学术界的人之间的紧密合作，就像弗雷德里克·泰勒[①]和爱德华兹·戴明 (W. Edwards Deming)[②]携手合作来进行试验和尝试新东

① 弗雷德里克·泰勒，著名管理学家、经济学家，被誉为“科学管理之父”，其代表作为《科学管理原理》。——编者注

② 爱德华兹·戴明博士是世界著名的质量管理专家，他因对世界质量管理发展做出的卓越贡献而享誉全球。以他命名的“戴明品质奖”，至今仍是日本品质管理的最高荣誉。作为质量管理的先驱者，戴明学说对国际质量管理理论和方法始终产生着异常重要的影响。——编者注

西一样。

但遗憾的是，我认为在过去的几十年里，我们已经失去了实验的意义，即利用我们管理、领导、组织、计划和分配的方式去尝试新的东西。无论在企业的内部还是在管理者群体中，我都希望能在“如何进行管理”这一点上点燃他们的冒险和实践精神。

Q：这是因为现在的人们都承受着很大的压力吗？还是因为有了类似首席执行官们不断地向华尔街报告“利润又增加了”的短期主义？这没有给我们留有一点实践的空间吗？

A：我觉得企业肯定是有压力的，有时候要去尝试那些不会马上就得到回报的事是很困难的。但是主要阻碍我们前进的是那些已经深深嵌入脑海中的管理模式。事实上，如果你把管理看作一种技术并分析它在过去100年左右的发展过程，就会发现它符合典型的S型曲线，即在最开始的时候涌现了很多创新，但之后逐渐减少。

当然，在我的有生之年，管理企业的方式几乎没有发生任何改变。如果我们可以让一位20世纪60年代的首席执行官复活，并且把他重新安置在行政套房中，他一定会大吃一惊——全天候的商业节奏、指尖上的大量信息，但是我们很多的管理方式对他来说还是熟悉的。层级结构看起来依然没变，重大决定依然是由那些高级别、高职位的人来做，权力还是从高层向下递减，文凭决定着话语的分量，预算的流程还和以前一样等。的确，即使是今天，当你从一家企业去了另一家企业时，会发现企业之间的管理技术只存在细微的变化。

这也就是为什么首席执行官可以从一个产业转行到另一个产业，比如可以从经营诺基亚到成为壳牌的董事长。当他走进行政套房的时候，所有的工具几乎都摆在同样的位置上。顺便提一下，这也说明了大多数企业都没有管理优势；尽管它们把所有的工作和精力都投入到这些过程中，但是在组织能力上却没有创造出什么特别的东西。

但是为什么管理停滞不前了呢？有几个可能的假设。第一个就是我们已经解决了所有的难题：知道了如何运营那些拥有来自全球职工的跨国企业，可以协调好大型的项目，所以没有什么还需要做的新工作了。第二个也是最有可能的假设，就是我们已经被从前任首席执行官、管理大师、开拓者那里继承下来的旧思想禁锢住了，而且他们大多数或早已过世，或早已退休，或早已年迈。但是我们一直认为这是唯一的出路，直到有人说可能还有不同的办法。

拯救管理

根据哈默的观察结果显示，近来，管理已经不被重视了，以至于它通常不会触碰企业的核心并深深根植于毫无生气的官僚机构中。这对管理造成了严重的伤害，应该引起高度关注。伯金肖叹息到：

> 对于今天的很多人来说，“管理”这个词让人联想到的是层级结构、控制和正规程序，因为不了解这个词的深层含义。“管理”和“大型产业企业”二者在20世纪20年代变得密不可分，直到今天也或多或少的保持着一些联系。

这种狭隘的管理模式使我们忽视了其他现有的管理模式。体育团队、社会团体、援助组织（甚至是家庭）的运营原则和大型产业企业有着很大的不同，这些不同的原则对于今天的企业来说是非常有借鉴意义的。

这一狭隘的定义同样也会让我们产生错误的假设，即大型企业从本质上来说，要比其他形式的组织更具优越性。是的，有些工业生产过程非常适合于规模经济和范围经济，但是，如果我们认为大规模生产是唯一可行的产业组织模式就会对历史产生误解。我们需要承认，除层级分明的官僚组织以外，管理模式也有自己非常重要的优点。

管理富有生机并且具备很多优点，但是它不再是由亨利·福特和艾尔弗雷德·斯隆等大师所创造和设计的管理了。**如今的管理比以往更具流动性、更灵活、更强大，并且更具创新性。**

07

INNOVATION

BREAKTHROUGH

THINKING TO TAKE

YOUR BUSINESS TO THE NEXT LEVEL

07 领导者的挑战

引领创新

曼德拉表示，领导者应该像牧羊人：牧羊人总是待在羊群的后面，让最敏捷的羊跑在队伍的最前方，剩下的羊都跟随其后。然而，它们都没有意识到，它们自始至终都是受走在最后的牧羊人的指引。创新团队领导者的观点和这个观点一致。

乔纳森·尼兰德兹
华威商学院创新教育学教授

- 为了鼓励创新精神和创造能力，企业必须创造开放空间。
- 鼓励创新的三个原则：心流、趣味性、团队精神。

- 创新既是工作内容也是工作模式。
- 管理模式三大特征：
  1. 没有迅速扩大公司规模。
  2. 基于项目进行管理。
  3. 采用“工作室”的组织模式。
- 工作室模式三大特征：
  1. 规模小且富有创造力。
  2. 等级尊卑观念弱，交流沟通顺畅。
  3. 弱化设计师的自我价值感。
- 创新的理想环境要远离公司现实状况。

IDEO
世界著名设计公司

琳达·希尔
哈佛大学商学院工商管理系华莱士·多纳姆讲席教授

代表作：《上任第一年》
《做真正的老板：成为卓越领导必备的三个特质》

以“知识型领导”为创新提供最佳领导力。

INNOVATION

BREAKTHROUGH THINKING TO TAKE YOUR BUSINESS TO THE NEXT LEVEL

引领创新不是由领导者激励大家跟着他们走，因为他们也不知道答案是什么，未来将去向何方。因此，这并不是领导力。领导力是创建人们心甘情愿并且有能力共同创新、解决问题的团队，我们需要提供一个综合模型。

琳达·希尔

过去，首席执行官对创新的看法仅仅局限在拨给企业研发部门的预算中。研发部门就像游荡在企业组织结构外的一个幽灵，总是超出企业领导的传统管理范围和理解范围。

如今，创新变成了首席执行官需要关注的重要问题，而领导创新人才也是企业管理者的必要责任。然而，问题在于，从事创新工作的人经常公然反抗传统的领导模式。创新工作者都是各自领域的专家，聪慧过人，而且他们常认为自己的同事应该跟他们一样聪明，在其他部门做着相似的事情，而非自己部门中的管理层。

罗布·戈菲（Rob Goffee）[①]和加雷思·琼斯（Gareth Jones）[②]在其合著的《如何领导最聪明最有创意的人才》（*Clever*：*Leading Your Smartest, Most Creative People*）一书中详尽论述了领导创新人才所面临的挑战。他们提出了这样的疑问：

> 如何将一群极其聪明、极富创造力的个人凝聚在一个集体中，鼓励他们不仅要发挥自身的最大潜能，还要为所有的股东创造财富和价值？

> 如果说这些人身上最典型的特征是什么，那必定是他们都宣称自己不想被人领导。显然，这给企业领导者带来了巨大的挑战。聪明的管理者虽然不会无所不知，但是最优秀的管理者不仅理解无法有效管理知识和技能这一问题，还能理解造成这一问题的人。

鼓励创新的三个原则

华威商学院创新教育学教授乔纳森·尼兰德兹（Jonothan Neelands）认为，**为了鼓励创新精神和创造能力，企业必须**

---

① 罗布·戈菲，伦敦商学院组织行为学教授，国际著名的组织转型问题权威。——编者注

② 加雷思·琼斯，欧洲工商管理学院客座教授、伦敦商学院管理开发研究中心研究员。曾担任 BBC 广播公司人力资源总监一职。——编者注

创造开放空间。而这一点基于以下三个原则：

第一个原则是"心流"。这个概念最初是由心理学家米哈里·希斯赞特米哈伊（Mihaly Csíkszentmihályi）[①]提出的。心流是人在活动过程中充分集中精神、完全参与并享受其中的心理状态，比如沉浸在弹奏音乐、写作或运动之中的心理状态。希斯赞特米哈伊认为，心流状态是内在动机的最佳形式，注意力完全集中，处于这种状态时人可以完全沉浸在他所做的事情中。

开放空间常常意味着同事或参与者要共享空间，因此，如何在创造性的空间中与他人共处也存在开放性的问题。**"心流"则是我们渴望达到的理想状态。**

这就为企业提出了一些重要问题，尤其是哪种形式的合作模式会培养社会创造力。人们在开放空间里学习、工作和创新的情绪会充满各种各样的可能性、想象、假设以及各种开端。

好在开放空间是一个没有强制性和外部法规的合作空间。在这里，我们可以利用各自的优势和彼此间的差异。开

① 米哈里·希斯赞特米哈伊，"心流"理论提出者、积极心理学奠基人、创造力大师。美国心理学会前主席马丁·塞利格曼评价他为"世界上最伟大的积极心理学研究者"。其经典著作《创造力：心流与创新心理学》中文简体版已由湛庐文化策划，浙江人民出版社出版。——编者注

放空间是公共空间而非私密空间，具有差异化的交流模式。我们进入开放空间时，都会戴上身为公民、专业人士或工匠技师的中立派面具。这种做法尤为重要，以保证合作的间接性和客观性。

本质上，处于心流状态就意味着任何事情都不是预先设定的，也不是一成不变的。不论是我们自身，还是我们的业务流程，都处于流动变化之中而非固定不变。

第二个原则是“趣味性”，与“心流”密切相关。

为了满足 21 世纪的需求，一定程度上的社会转型必不可少。而社会转型的关键是理解如何在成年人的世界里运用孩子们的游戏战略。这就意味着不仅社会的目标与追求要趣味十足，在对想象力的使用上也要有趣味性。

孩子们做游戏、演员演戏和把“游戏”当作一种处事态度，而不仅是为专注于创新发明的人群起到示范作用的一项活动，这三者之间存在着一定的关联。

孩子们做游戏也是在为今后从事需要不断重复和调整的创造性训练和工作做准备。因为即使孩子们在游戏中没有实现既定目标，他们也不会受到惩罚，所以，他们学会了通过不断重复和调整来取得成功。比如，他们会花好几个小时拼装乐高玩具或玩泥巴；同样的，音乐艺术家也会花费很长时间不断练习，创作新的曲目。

第三个原则是合作精神，也叫作团队精神。只有发挥团队精神，个人创新才能变为企业创新。职场中，我们需要作为团队的一员进行工作。即使个人有机会发挥创造性才智，也要服务于整个团队的目标。

发挥团队精神的重中之重是抛弃等级观念。因此，开放空间性学习对空间的使用更加灵活随意、等级感更弱，知识也是暂时的、不确定的、永无止境的。在这种空间中，老师、领导者或管理者的权利常常被“剥夺”，员工期望学习、培训，期望可以通过相互协商或共同合作来完成工作。开放空间的学习需要参与人员之间互相信任、互帮互助，人与人之间的关系必须呈环形状，空间必须对其他人开放，这点至关重要。开放空间的设立是为了公开、巧妙地共同协商问题。

组建创新团队

对那些仍停留于20世纪传统思考模式的企业来说，按照以上原则创建组织机构无疑是很困难的。在寻找其他替代模式的过程中，最受欢迎的灵感来源之一是设计领域。加拿大多伦多大学罗特曼管理学院教授罗杰·马丁倡导设计思维，世界著名设计公司IDEO运用的方法也广受称赞。

IDEO 公司起源于设计师比尔·莫格里奇（Bill Moggridge）于 20 世纪 60 年代在伦敦成立的一家公司。然而，由于 20 世纪 70 年代末大英帝国的工业萎靡不振，莫格里奇开始寻找在其他地方发展的机会，他来到了一切才刚刚开始发展的硅谷。在那里，他结交了美国设计师戴维·凯利（David Kelley）。不久之后，他俩又认识了迈克·纳特尔（Mike Nuttal）。那时，他们三人各拥有一家小型设计公司，之后这三家公司合并为 IDEO 公司。

IDEO 公司发展迅速，成为全世界最酷的公司之一，也获得了美国“商界教皇”汤姆·彼得斯的赞誉。彼得斯第一次参观 IDEO 公司在帕洛阿尔托的办公室后，宣称“梦想终于成真了，终于看到一家我想象中愿意为其工作的公司了”。

虽然 IDEO 公司的设计极富有创新性，但它之所以与众不同并不是因为其新颖的设计，而是因为它的企业文化。虽然模仿 IDEO 的设计很大程度上毫无意义，而且可能是违法的，但是设法效仿 IDEO 的企业文化确实大有裨益——尽管文化是最难模仿的部分。

IDEO 的管理模式相当成熟。**创新既是其工作内容也是其工作模式。这家公司的第一个显著特点是没有迅速扩大公司规模。**事实上，从很多衡量标准来看，它几乎没有扩大规模。尽管广受国际赞誉、盈利颇丰，IDEO 的员工数量依旧相当少。

IDEO 成熟管理模式的第二个特点是基于项目进行管理。因其自身不愿扩大规模，复合型项目团队会因项目的不同而有所变化。项目就是 IDEO 的企业文化。

IDEO 的民间传说（收录在汤姆·凯利《创新的艺术》一书中）讲述的都是一周之内重新设计超市手推车、企业如何开发出第一个苹果电脑鼠标这类故事。在发明第一台拍立得相机、创造出多功能护目镜、改造电灯开关这类故事中，对成本和利润却只字未提。精妙别致、能够解决问题的设计定能为公司和客户带来利润，这点不言而喻。IDEO 的设计理念是以用户为导向的，企业的核心是使用设计思维帮助其客户变得更有价值。

IDEO 企业文化的另一个核心要素是“工作室”的概念。IDEO 的工作室并不是一条由无所不知的创新工作者组成的流水线。明星设计师不会想来就来想走就走，留下一群设计师助理完成他最新的发明创造。大多数设计公司都是以设计师个人为基础，如果设计师离开公司，整个公司就垮了。然而，像 IDEO 这样的公司则以设计师之间的不同观点为基础，通过公开评论他人的作品展开工作。它坚信，要想成为工作室的一分子，就要捍卫自己认为是对的东西。

IDEO 的员工组成在逐步优化，在最近几年尤为明显。IDEO 的魅力在于，虽然采取相对封闭孤立的组织模式——设计师、工程师、人力部门之间互不交流，却创造出了团队成员间互相尊重的企业文化。

从很多方面来看，IDEO 实行的设计工作室模式是一种与时俱进的组织模式。

- 第一，工作室规模小且富有创造力。
- 第二，工作室的等级尊卑观念弱，交流沟通顺畅。
- 第三，工作室弱化设计师的自我价值感。

IDEO 的设计师既可以在某个项目中大放光彩、担任主角，也可以在其他项目中仅仅起到辅助作用、担任配角。

保持这样的企业文化需要有奉献精神的员工而非创新怪才。做到这点需要从招聘流程开始注意。相比许多其他机构，IDEO 的招聘流程十分冗长。应聘者在经历三四轮面试之后，首先要向 IDEO 的工作人员展示他们的作品，并与 IDEO 的一些员工就作品展开讨论。随后，他们开始接触公司的所有员工，观摩正在进行的项目，观察其中的工作人员如何相互沟通。IDEO 公司表示，这样的招聘流程很费时，却必不可少。这样做是为了了解应聘者将来能否胜任这份工作、是否适合公司团队；而对此，公司的每位成员都有发言权。

IDEO 对工作绩效评估也高度重视，这与招聘人才时的严谨态度十分契合。IDEO 每年都会进行正式工作评审，评审基于以下 5 项要素：工作内容、企业文化（包括团队合作能力及团队领导力）、企业客户、业务往来、以及指导与领导能力。

创新路径

IDEO 等企业建议，创新的理想环境要远离企业现实状况。显然，这极大影响了想要创新的企业的组织模式和领导方式。

那么，如何为创新提供最佳领导力呢？哈佛大学商学院工商管理系华莱士 · 多纳姆（Wallace Donham）讲席教授琳达 · 希尔为此难题提出了“**知识型领导**”的解决方法。她是《上任第一年》（*Becoming a Manager*）一书的作者，与肯特 · 林内贝克（Kent Lineback）合著了《做真正的老板：成为卓越领导必备的三个特质》（*Being the Boss: The 3 Imperatives for Being a Great Leader*）一书。最近，她与格雷格 · 布兰德鲁（Greg Brandeau）、艾米丽 · 图拉夫（Emily Truelove）和肯特 · 林内贝克共同研究了全世界不同行业中杰出的创新领导者——从信息技术行业到法律行业再到设计行业。

希尔称自己是一位人种志学者。现如今，她已经在哈佛商学院任教 30 年，曾经两度登上“全球最具影响力 50 大商业思想家”榜单。

与大师对话

INNOVATION

琳达·希尔

Q：您研究的重点是什么？

A： 我研究三件事：如何学习领导，如何引领创新，如何实施全球战略。虽然在某种程度上我同时研究这三件事，但是对我来说最重要的还是引领创新。

正因如此，哈佛商学院的一位前任院长请求我做了以下几件事。第一，鉴于我们的工作使命是培养能够影响世界的领导者，他请求我创立了第一门有关领导力的必修课程，并由我来带领相关团队。第二，他请求我制定在线学习的战略。他是在 20 世纪 90 年代末提出这个要求的，由此可见，他真的相当有远见。他很早就预见到教育将以在线课程的模式发展，认识到我们要有能力利用互联网提供教育经历，既要在校园里传播知识，更重要的是为全世界的人们传播知识。这对我来说是极好的。

Q：您的工作非常国际化。

A：我通常每个月出国两次，当然是在不用教课的时候。因父亲在军队里工作，所以我是在曼谷上的高中，在对这个世界的思考中逐渐长大。14 岁的时候我第一次去印度，我总想着出去走走，看看外面的世界，也总觉得世界上有很多有趣的人。

由于我对经济发展很感兴趣，所以成为一名商学院教授。我的博士学位读的是行为科学，这是一个跨学科学位，但我觉得自己更像一个社会学家而非心理学家。

我的父母出身平凡、家境一般，亲戚或是煤矿工人，或是在工厂车间工作，因此我对商业真的知之甚少。

我一直感兴趣的是如何创建能使人们实现个人理想的组织机构。据我了解，教育机构是唯一符合这个要求的组织。我在大学研究学习理论，随后去了芝加哥大学。在那里，我遇见了“创造力研究之父”——雅各布·格策尔斯（Jacob Getzels）。

事实上，在我还是布林茅尔学院（Bryn Mawr College）大一新生时，就做了创造力与头脑风暴的相关研究，那是我的第一个研究项目。

因此，我这一生都关注着创造力。格策尔斯先生是创造力研究的创始人之一，他也是《创造力与智力》（*Greativity and Intellignce*）的合著者。他对如何设计出允许人们发挥创新精神的教育机构十分感兴趣。我为他的项目工作，其中一个项目成员对芝加哥艺术学院的艺术家们进行了研究，为的是想弄明白谁是最富创造力的艺术家及原因以及组织体系如何影响他们的创造力。

Q：那时，创造力并未受到重视。

A： 格策尔斯先生过去常告诉我："琳达，好的理论可以帮助人们解决实际问题。"因此，他让我理解了严谨度与相关性毫无差别。如果不严谨，自然不具备相关性；如果一件事不具备相关性，无法解决问题，你又怎么会严谨对待呢？

我曾热衷于关注一些棘手的社会问题以及人们是如何通过创造力解决这些问题。因为我对经济发展以及如何改善人们的生活真的很感兴趣，所以总是在商业和其他学科之间穿梭。哈佛商学院对我而言是个极好的平台，让我能够四处游历，做自己想做的事情。我既做过洛克菲勒基金会（Rockefeller Foundation）的董事，学习如何创建研发艾滋病疫苗的组织，又努力帮助商人解决问题。

Q：这一切都造就了您当前的工作？

A： 是的。皮克斯动画工作室的前任首席技术官格雷格·布兰德鲁、肯特·林内贝克、艾米丽·图拉夫和我花费了6年的时间在世界各地奔波，研究了16位在持续创新的组织中创建团队的领导者。

之前有人请我写一篇文章，谈谈我对21世纪领导力的看法。这一项目在某种程度上正起源于此时。当时我已经教领导力这门必修课9年左右了，我开始担忧我们培养出来的领导者并非实际所需的类型。

我在南非待了很长时间，有幸见到曾与纳尔逊·曼德拉一起被关押在监狱的人，之后还见到了曼德拉本人。我把曼德拉的事迹及其对领导力的看法写了下来。

之后，我又见到了负责谷歌基础设施组的领导者。领导革命运动和引领重要创新之间存在着有趣的联系。领导这些创新团队的领导者对领导力的看法都惊人地相似。

曼德拉表示，领导者应该像牧羊人。牧羊人总是待在羊群后面，让最敏捷的羊跑在队伍的最前方，剩下的羊都跟随其后，然而，它们都没意识到自始至终它们都是受走在最后面的牧羊人的指引。创新团体领导者的观点和上述观点一致。领导者并非自说自话，说出“我们要去哪儿，大家跟着我”这种话。引领创新也不是由领导者激励大家跟着他们走，因为从根本上讲，他们也不知道答案是什么，不知道未来将去向何方。因此，这并不是领导力，领导力是创建人们心甘情愿并且有能力共同创新、解决问题的团队，因此，我们需要想办法提供一个综合模型。

真正令我震惊是没有人真正写过领导者做什么，也没写过创新成为领导者关心的主要问题时，他们是如何思考领导力的。

Q：直到 20 世纪 90 年代初，商学院才开始认真地研究领导力，是吗?

A: 是的，直到那时，人们才不再认为领导力仅仅是具有远见卓识。然而，一谈到创新，领袖魅力、远见卓识这些特质仍是问题。大多数创新成果都是团队协作、发现导向型学习和综合决策的共同结果。如果把创新当作团队的目标、探索此前并不存在的东西、努力解决问题，领导者和追随者的任务、角色和职责将会截然不同。

Q: 谈到领导力时，我们常常会听到这样的言论："尽管各种管理培训项目、领导力培训和管理类书籍层出不穷，好的领导者仍供不应求。"创新亦是如此，尽管与创新有关的书籍和项目数不胜数，创新在很大程度上对大多数企业而言仍是未解之谜。

A: 这是因为人们没有真正理解领导力、领导者认为自己应该做什么以及建立创新组织实际需要做什么之间的关联。这三者互不关联。我认为，我们并没有深刻理解领导者应该做什么或者考虑什么，也没有理解人们应该如何看待想创新的领导者在团队中的角色和作用。

每个人在团队中都有擅长之处。如何让这些人互相合作，综合运用每个人的天赋，共同提出解决问题的办法呢？有些人会说，你不会想要一个团队里有太多的天才，因为那可能导致人多误事。事实上，有些组织已经弄清楚如何在一个团队里拥有很多天才，同时还能让他们彼此协作，共同创造价值。

皮克斯动画工作室不论是在财务收入还是在艺术造诣和技术水平上都非常成功。这样的成功得追溯到皮克斯的团队成员对领导力的看法上。虽然不可能十全十美，但是皮克斯对企业的核心竞争力以及领导力的内涵有其独特的思考方式，这些使皮克斯创造出一种对创新性地解决问题至关重要的企业文化。

Q：在研究过程中，哪些事令您感到惊讶？

A：共有两件事。一件是领导力和创新是如此互相独立、互不关联的两个领域。

另一件是我们第一遍审查数据时，挑选的主题都是关于企业中的规范标准、如何与他人打交道以及如何对待他人。直到我们开始关注这些企业的能力时，才注意到有些规范是关于员工应该如何思考问题的。这着实令人惊讶。当我们试着解释在特定环境下看到的这些内容时，发现这与如何与人打交道无关，而与其真正相关的是如何设计规划、如何解决问题。有些企业制定了人们应该如何看待问题的标准，这是企业避免人多误事问题的方法之一。

Q：从很多方面来看，我们似乎都更喜欢对如何引领创新这一问题的简单解释，而非造成这一现象的复杂现实。

A：我认为人们相对而言喜爱简单的东西。人们希望事情越来越简单，而不是变得更复杂。这会导致我们当中的很多人对创新的神化与崇拜。爱因斯坦并非是独自工作，也并非是在独自工作时才灵光乍现。创新是集体协作的结晶。美国发展心理学家霍华德·加德纳（Howard

Gardner)[①]探讨了影响创造力的社会历程和环境因素。

在我看来，引领变革不同于引领创新。因此，没有一劳永逸、适用于所有情况的方式。与管理学不同，对领导力的研究来源于一次次突然失败却又恢复活力、情况好转的组织机构。变革不完全是创新，某种程度上它们是截然不同的问题。

Q：这本书和您的《做真正的老板：成为卓越领导必备的三个特质》一书有何关联？

A：我在《做真正的老板》一书中提出的第二个规则是管理你的社交网络。许多人谈到领导力时只能想到管理那些他们有权管理的人。然而，在如今的组织结构中，你还需要考虑管理那些你没有权力管理的人。

我之所以有这个观点，是因为我在与昔日的学生、曾经共事的管理者们交谈后，发现了他们常见的失误。他们为什么没有发挥自己的潜能，为什么没有变得具有权威？那是因为他们没有从解决自身需要方面（领导者自身、社交网络及工作团队）思考领导力。

① 霍华德·加德纳，当今最具影响力的发展心理学家和教育学家，多元智能理论创始人，被誉为“多元智能理论之父”“推动美国教育改革的首席科学家”。其经典著作《智能的结构》《领导智慧》《多元智能新视野》等中文简体字版已由湛庐文化策划，浙江人民出版社等出版。——编者注

08

INNOVATION

BREAKTHROUGH
THINKING TO TAKE
YOUR BUSINESS TO THE NEXT LEVEL

08 满足企业战略的创新

创新与战略

能否创新、能否取得持续成功都取决于组织的领导者是否愿意采取大胆的行动，哪怕是在其运转良好的时候。尽管这样会引起股东、分析师以及其他主要客户的抗议，那却是给组织重新注入活力的最佳时机。

W. 钱 · 金
欧洲工商管理学院教授
达沃斯世界经济论坛会员

代表作：《蓝海战略》

- 搭起战略与创新之间的桥梁。
- 将一个具有创意的想法变为商业上的成功是价值创新至关重要的策略之一。

康斯坦丁诺斯 · 马凯斯
伦敦商学院战略与国际管理学教授

代表作：《战略定位：有效战略实战案例》
《创造市场不在抢先，而在抢对时机》
《攻略：商业模式创新路线图》

- 能否创新、能否取得持续成功都取决于组织机构的领导者是否愿意采取大胆的行动，哪怕在其运转良好的时候。
- 擅长突破性创新的企业必然不擅长在现有市场取得持续性成功。
- 创新不仅是发明创造，更重要的是将产品商业化及扩大产品的市场规模。
- 两种商业模式竞争时，提高成功率的5个关键问题。

INNOVATION

BREAKTHROUGH THINKING TO TAKE YOUR BUSINESS TO THE NEXT LEVEL

企业蒸蒸日上之时，领导者绝不会实行变革。而在企业走下坡路时，他们才会想着改变，可这时，一切都为时已晚了。

康斯坦丁诺斯 · 马凯斯

众所周知，创新和战略一度互相独立。创新由“遗世独立”的研发部门独揽，而战略则是公司总部高级管理人员的职责。

然而，现如今这种情况再也不存在了。人们认为创新和战略息息相关，尽管这种观点有时让人们难以应付，但常常是强有力的。

搭起战略与创新之间桥梁的想法来自 W. 钱 · 金教授（W. Chan Kim）和其在欧洲工商管理学院的同事勒妮 · 莫博涅（Renée Mauborgne）。过去几十年中，我们改变了对战略与创新如何互相适应、彼此配合的看法，他俩可以说是最大的功臣。迄今为止，由两人合著并于 2005 年出版的《蓝海战略》（*Bule Ocean Strategy*）一书的销量已经超过 200 万册，被译为 43 种语言。至少从某些方面来看，这本书是当时最成功的商业类书籍。金教授解释道：

> 我们先观察了那些成功规避竞争的企业，然后转而研究如何创造新的市场空间——如果企业想规避竞争就需要创造性的思考方式和行动方式。我们提出的“公平程序”（fair process）观点着眼于管理决策的制定以及构建并执行创造性思维的必要条件。最近，我们思考了如何辨别成功的商业想法，如何决定在哪个想法上加大投入。将一个具有创意的想法变为商业上的成功是价值创新至关重要的策略之一。

与大师对话

INNOVATION

W. 钱·金

Q: 您如何定义价值创新？

A: 价值创新是以较低的成本创造出前所未有的效用；价值创新不是在追求额外价值与较低成本之间做出取舍、寻求平衡，而是既要追求额外价值，又要降低成本；价值创新的力量在于激励人们以建设性的方式发挥集体智慧；价值创新意味着在一个企业的创造力迸发前，各个企业间的差异范围在不断缩小；价值创新在本质上是重新界定市场的既定边界。如果一个企业能为顾客提升较多价值或创造前所未有的价值以孕育新兴市场，竞争对其而言就无关紧要了。因为你没有和其他企业在同一领域竞争，反而创造了一个新的“竞技场”。

价值创新使企业能够将生产率边界移至新的范围。价值改进带来的效益有限，而价值创新却能挑战特定市场中已为人们所接受的假设，改变管理者设计战略的方式。

Q： 价值创新的驱动力是企业创造新市场的意愿吗？

A： 本质上是这样的。创新在各个行业、不同国家、每家企业都有发生，而这些行业、国家和企业遍布全世界。因此，创新与企业所在的行业领域和地理位置无关。然而，如果你查阅一些战略文献，会发现行业界限常被视为首要要素——想想迈克尔·波特的五力分析模型中的4点分析（包括优势、劣势、机会、威胁）。

做正确的决策

另一位站在战略与创新交汇处的思想家是康斯坦丁诺斯·马凯斯。马凯斯是伦敦商学院战略与国际管理学教授，并主持罗伯特·鲍曼（Robert P. Bauman）战略领导力讲座。他说：

> 过去20年的研究让我明白了一个道理，能否创新、能否取得持续成功都取决于组织机构的领导者是否愿意采取大胆的行动，哪怕在其运转良好的时候。

这样做不会引起股东、分析师以及其他主要客户的抗议吗？当然会，马凯斯承认了这一点：

> 然而，那却正是给组织重新注入活力的最佳时机。问题在于企业蒸蒸日上之时，领导者绝不会实行变革。那么，他们通常会在什么时候做出改变呢？在企业走下坡路时，他们才会想着改变，可这时，一切都为时已晚了。

马凯斯的著作有《战略定位：有效战略实战案例》（*All the Right Moves: A Guide to Crafting Breakthrough Strategy*）、《创造市场不在抢先，而在抢对时机》（*Fast Second: How Smart Companies Bypass Radical Innovation to Enter and Dominate New Markets*）和《攻略：商业模式创新路线图》（*Game-Changing Strategies: How to Create new Market Space in Established Industries by Breaking the Rules*）。他探究了现有企业应如何革新它们的商业模式，以及如何应对新商业模式带来的威胁。

后发制人企业

马凯斯坚持认为，突破性创新所必需的技能技巧、思维模式和态度观念不仅与现有市场获得持续成功所必需的不同，还与其互相矛盾。擅长突破性创新的企业必然不擅长在现有市场取得持续性成功。

此外，大型成熟的企业不仅没有创建全新市场的技能技巧和思维模式，而且由于它们现有的技巧和思维恰恰与创建新市场所需的相悖，它们很难培养这些技巧与思维模式。然而，这些企业却能够利用自身技能与思维模式进入其他企业开拓的利基市场，并不断扩大市场规模，将其变为大众市场。

那么，这些企业该如何求同存异呢？马凯斯建议把知名大企业和创业企业分开，并划清界限、各展所长。**这种划分的本质特征就是，在无数的选择中，无论哪个选择都能为企业谋利。**

马凯斯警告知名大企业不要盲目追求所谓的先驱优势，原因亦是如此。事实上，他和保罗·杰罗斯基都不赞同“成为先行者就具有优势”这个观点。他认为，大多数知名大企业具备的技能集合更适合扩大由其他企业新开拓的市场。

马凯斯说：“比如微软公司，它创造什么了吗？基本没有。微软不仅把其他企业的创造发明为其所用，还不断扩大规模，最终将其变成大众市场。”马凯斯认为这并不是件坏事，他把微软这类非先行者公司称为“后发制人企业”（fast seconds）。开拓出新市场的企业鲜能将其发展壮大为大众市场，那是后发制人企业所擅长的。

马凯斯表示，后发制人企业能够灵活进入并拥有一个新市场。他主张：

> 发现和创造所需的技能、思维模式和能力素质不仅与商业化所需的不同，甚至还与商业化所需的特质互相矛盾。这意味着擅长创新的企业未必擅长将产品商业化，反之亦然。

基于以上观念，马凯斯支持从更广阔的视角解读创新的概念。**他认为创新不仅是发明创造，更重要的是将产品商业化及扩大产品的市场规模。**

从这个角度来看，知名大企业必要的持续创新不是人们通常假定的那样，即创造全新的商业模式。**事实上，大企业所谓的创新都算不上真正意义上的创造力，而是将他人的发明创造为己所用，然后再不断扩大规模，直至变成大众市场。**

马凯斯所谓的“商业化”是后发制人企业的专长。然而不幸的是，这类企业常常把资源浪费在努力达到创新型初创企业的创造性成就上。马凯斯认为这样的尝试是徒劳的。它们展现出来的并不是创新，而是企业的傲慢自负，这样终将一无所获。

相反，后发制人企业应该了解自身的核心竞争力在于企业合并，并且要充分利用这一优势。事实上，马凯斯指出，这才是大企业赚钱的地方。然而，这并不意味着知名大企业无法确保自身拥有彻底革新的权利。他们能够“创建、维持并发展很多分公司”。马凯斯认为，母公司对这些子公司来说就是一位风险投资人。如果到了能够进行企业合并的时候，母公司就可以在子公司提供的平台上建立新的大众市场业务。

矛盾的商业模式

初创企业通过采用全新的商业模式而成功地抢占市场份额，这也使发展成熟的大企业频频受挫。马凯斯承认新商业模式可以创造出全新的市场，因此，新商业模式也是值得拥有的好创新。

然而，由于成熟企业普遍不擅长发现新商业模式，这会导致一些问题。此外，初创企业还会使用新商业模式来攻击成熟市场，而成熟企业也要费些时间来应对这种局面。

马凯斯表示这些都在预料之中。“新商业模式与成熟企业中的既有商业模式相矛盾”——比如，渠道互斥、分销冲突、文化冲突、激励冲突等。这意味着无论给成熟企业提出多好的新商业模式建议，它们几乎不可能照做。成熟企业为什么要探索会破坏企业现有业务或者离间现有经销商的新模式呢？

如果成熟企业利用自己的新商业模式应对竞争者的新商业模式后仍未取得成功，那么，什么样的应对方式才会成功呢？马凯斯提出了两种可能的应对方式：**扰乱竞争者或同时玩转两种模式。**

第一种方式中，成熟企业要仔细观察竞争者，再决定可以一举击败对方的行动，这样方能回击成功。任天堂（Nintendo）是一家传统意义上的成熟电子游戏企业。然而，在索尼推出 PlayStation 游戏机、微软推出 Xbox 游戏机时，任天堂游戏公司受到了威胁，但它通过成功推出游戏机 Wii 取得成功。

如果任天堂公司按照成熟企业通常的方式应对，可能会完全失去市场，或者客户会用 PlayStation 游戏机和 Xbox 游戏机的仿制品玩着索尼或微软的游戏。相反，任天堂推出了 Wii 这款强调电子游戏不同方面的非传统产品，最终占有了全部利基市场，索尼和微软这两个竞争者也终于被打败。

第二种方式中，阻碍这个战略成功的危险因素有很多。马凯斯写道：

> 事实上，有很多企业采取了这种方式却惨遭失败，比如英国航空公司的 Go Fly 子公司、荷兰皇家航空公司的 Buzz 公司。当然也有其他企业通过同时玩转两种模式，取得了成功，比如任天堂和梅赛德斯。只有少量企业既推出了新的商业模式，又在两种模式中都取得成功。

马凯斯还提出，这些企业探索出了在同一行业与两种商业模式竞争时，提高成功率的五个关键问题：

- 我应该进入新商业模式创造市场空间吗？
- 如果我进入了新市场空间，还能使用原有的商业模式吗？还是需要新的商业模式？
- 如果需要使用新商业模式开发新市场，那么我应该仅仅采用扰乱我方市场的入侵式商业模式吗？
- 如果我发展了新商业模式，应该如何在组织上把它与原有的商业模式分离开呢？
- 如果我将新商业模式单独划分出来、作为一个独立单位，在同时实行这两种商业模式时会遇到哪些独特的挑战呢？

丛林策略

在和马凯斯的谈话中，我发现他是一位非常有说服力的人。我们首先谈论了战略与创新之间时而紧张的关系。

与大师对话

INNOVATION

康斯坦丁诺斯·马凯斯

Q： 战略与创新之间的关系是什么呢？二者对企业在如今市场上的竞争力有多重要呢？

A： 如果经济环境良好，每家企业都有所发展，不用战略，企业也能成长发展。然而，如果处在丛林之中，情况危急，就需要制定战略了。但是把眼光放在战略之外来看待这个问题的话，创新才是企业应该迈出的第一步。

Q： 为什么要创新？

A： 我一直认为创新是解决所有企业问题的答案，因为创新即是发展。如果你考虑到这一点而运营企业的人却没有成长发展，创新也不会发生。我研究创新已经有 20 年了，大多数人都同意这是一个非常拥挤的领域。

Q： 您对创新的研究有没有与众不同的地方？

A： 我认为自己给创新的核心研究带来了以下两点不同要素：第一个是，我认为创新的种类多种多样，实现一种创新所需的机制与实现其他种类的创新所需的机制不同。如果你看过其他专业学者和咨询人员的著作，就会发现他们都是笼统地谈创新。

Q：您能阐明一下这个观点吗？

A： 比如，我在最近一本关于商业模式创新的书中描述了企业应该如何发展新的商业模式，以及企业如何做才能实现新商业模式。我之前写的书都是和突破性产品创新以及如何创造革命性的新产品相关。我对如何实现商业模式创新与如何实现突破性产品创新提出的建议完全不同。因此，我认为不能笼统地谈创新，也不能告诉管理者任何一种方法都能使其变得更具创造力。创新研究者和想要帮助企业创新的人需要更具体地了解企业最需要哪种创新，然后再给他们提出合适的建议。这就是我研究创新与他人不同的地方之一。

Q：那第二个不同之处呢？

A： 第二个就是我认为创新比创造力更重要。许多出版物都是关于企业如何产生商业模式或产品等的新想法，都强调头脑风暴、想象力以及突破性思维对产生新观念大有裨益。然而，虽然我也认为产生新想法至关重要，是创新过程中的重要部分，但这远远还不够。大多数问题出现在商业人士提出突破性的新想法之后。真正决定一个企业是否具有创新精神的是实施阶段。

Q：您的意思是不仅要提出新想法，更重要的是将其付诸

实践?

A: 没错。比如，假设你经营着一家成熟的企业，发明出来一种新的商业模式。对你而言，问题不仅在于如何提出这个新模式，还有如何处理原有的商业模式。你是完全抛弃旧有模式（也就是如今你正实施的商业模式），把精力 100% 地投入到新模式上？还是在引入新模式的同时，继续实行原有的商业模式？如果这样做了，你将如何同时运营两种商业模式？这就是我工作的重点：创新的实施问题。

Q: 大概有多少种不同的创新呢?

A: 我认为企业至少需要把产品创新、技术创新、过程创新和商业模式创新这 4 种创新区分开。对我而言，上面这 4 种创新只是 4 大类，我确信创新还能划分为更多、更具体的种类。

Q: 大多数创新都在实施中失败了吗?

A: 是的。对企业而言，问题并不在于提出新想法。当我走访几家公司，询问它们的管理者为了实现某种创新需要做什么时，他们都能在 5 分钟内告诉我答案，听起来很令你震惊吧。他们不用读任何书，也不用参观其他企业。我一问完这个问题，他们就能回答我："我们需要做 1、2、3 点。"然后我通常会根据他们的回答继续提问："那么在你们需要做的这些事中，你们采取这样或那样的措施和行动了吗？"多数情况下，他们没回答。这也是我为什么说新想法只是创新的一部分。新想法总是令人激动的，因为新想法的提出往往伴随着新知识的出现。但是对管理者而言，问题不在于知识，而在于行动。创新是困难的，虽然人们通常知道实现创新需要做什么，但他们仍然不采取行动。

Q：这样的行为似乎违背了企业及员工的最大利益。为什么会出现这种情况呢？

A：管理者做的事都是基于他们过去的经验和习惯，都是重复性的事情，但是创新需要企业内部的人做完全不同的事情。创新很可能需要改变企业文化，改变管理者或其他人的工作方式等。创新意味着改变。管理者很擅长把他们一直做的事做得更好、更努力。然而，创新意味着用略微不同或完全不同的方式做事，这就是问题所在。

Q：那么，如何开始创新呢？

A：首先，一个组织至少需要营造一个支持创新、鼓励创新的环境。这样的环境中有能够促进创新的特定文化氛围、奖励措施和工作流程。这些都是最基本的。但是当我告诉企业它们需要创建这些东西时，有些管理者有时会产生一种“创新开始前企业环境必须完全正确”的态度。

Q：不是这样吗？

A：当然不是。我能举出很多例子，这些组织的文化氛围和组织结构都不是最理想的，但是某些个人承担起了驱动创新的责任。因此，在理想状态下，企业需要正确的文化氛围、奖励措施和组织结构。除此之外，为了将新想法付诸行动，企业还需要愿意冲破企业束缚的个人，开始把我之前提到的三点转化为现实。可悲的是，愿意承担风险且真正用不同方式做事的人却寥寥无几。

Q: 您认为自己有创新精神吗?

A: 我当然认为自己是个富有创造力的人，因为我确实提出了很多想法。但是，显然我是一名学者，我们都不太擅长执行。因此，我不会说自己是个创新者。对我而言，创新者指的是既能提出新想法，又能将想法付出实践从而获得新价值的人。第一部分是创造性思维，第二部分是行动，两者结合起来才是创新。

Q: 您是如何产生关于战略和创新的想法的？

A: 在与他人（比如管理者）共事、写组织机构的案例、观察企业日常出现问题的过程中，我产生了这些想法。比如，许多企业都想让员工互相合作，却又不允许他们封闭在自己的组织孤岛内各做各的事，这对许多企业来说都是大问题。在这样的案例中，我常常会问高管们有多少人有两个或两个以上的孩子。几乎所有的管理者都有两个或两个以上的孩子，我会接着问他们的孩子是否合作，他们的答案是肯定的。然后我会问他们的孩子是否各做各的事，他们的回答是否定的，还会告诉我，那太令人震惊了。这时候，我就会试着让他们探索他们作为父母是如何鼓励孩子合作的。这是常识，不是吗？总而言之，你在家会做一些事让孩子们开始合作。在我看来，这些行动恰恰也是你在一个组织中鼓励大家进行合作时需要采取的行动。

Q：您总是从企业这个角度之外思考，对吗？

A： 是的，我也常建议别人这么做。不要仅仅把眼光放在企业或者商业环境上。

如果你放任自己的思维冒险进入非传统的商业环境，比如家庭，你会大吃一惊竟然能从中获得许多想法，这些想法恰是商业环境中的人们为了实现他们的目标所需要的。再说说商学院，比如伦敦商学院，那里一个班五六十个学生，他们来自五六十个不同的国家，具有不同的背景经历。这样的差异是产生创意、推广理念的沃土。这也帮助我开拓新想法。

Q：接下来您会评估新想法？

A： 正如我之前所说，新想法只是创新的起点，最终创新还是要归结到思想开放、到处发现新想法的个人身上。想法无处不在，商界、家庭、经济环境中都有。你看到的任何地方，都有新想法、新的思维方式或做事方法。怀着开放的思想吸收新想法，并将其运用到管理中，才能帮助企业繁荣昌盛。如果你能够着手于新想法，将其付诸实践，用更好的方式服务客户和社会，就会发现创新真的是企业面临的几乎所有问题的答案。

09

INNOVATION

BREAKTHROUGH
THINKING TO TAKE
YOUR BUSINESS TO THE NEXT LEVEL

09 全新角度看世界

创新与社会

创新不仅要满足商业的迫切需求，还与社会的发展密不可分。从新的角度看待世界可能为解决棘手问题提供新的解决方案。

工作时的内在心理，即积极的情绪、强烈的内驱力、对同事和工作本身的正面看法是员工保持创新精神、工作高效、全身心投入并为企业尽职尽责的关键。

特蕾莎·阿马比尔
哈佛商学院工商管理教授

代表作：《激发内驱力》
《情境中的创造力》
《培养创意》

- 社会创新可能会促进积极的环境影响和社会影响的产生，既能使参与解决这些问题的企业盈利，又能进一步扩大这些解决方案的社会效应。
- 企业经常犯的两种错误：
  1. 效率陷阱
  2. 勾选框陷阱
- 研究在企业运营良好与外在表现优异之间建立连接。

伊欧尼斯·伊欧尼奥
伦敦商学院教授

除了少数人尽皆知的积极作用，大多数工业方法和工业材料其实是对资源的无意掠夺。

威廉·麦克唐纳
美国建筑师、设计师
当今商界战略管理的领路人

代表作：《从摇篮到摇篮：循环经济设计之探索》

许多企业之所以失败是因为它们太过专注于自己的创新，而忽略了决定它们能否成功的创新生态系统。

罗恩·阿德纳
达特茅斯学院塔克商学院教授

代表作：《广角镜战略：企业创新的生态与风险》

INNOVATION

BREAKTHROUGH THINKING TO TAKE YOUR BUSINESS TO THE NEXT LEVEL

小小的成功往往对员工及其工作业绩有意想不到的重大影响。小小的挫折往往会产生严重的负面影响。培养人们进步的意识是保持他们积极性、激发他们创新的关键。

特蕾莎·阿马比尔
史蒂文·克雷默

创新在满足商业迫切需要的同时，越来越受到其他各行各业的重视。人们逐渐认识到，创新和发展密不可分。个人、国家甚至是全球遇到的许多（甚至全部）挑战都需要创新的解决方案。从新的角度看待世界可能为解决所谓的棘手问题，如全球变暖和世界贫困，提供新型的解决方法。这些挑战总会伴随着新想法的产生。**社会创新，即社会本身能够通过创新不断完善，这个概念变得越来越流行。**

从另一个极端来看，人们越来越觉得，不论是在工作中，还是在生活中，创新都让我们受益良多。员工敬业度开始受到关注。事实上，人们一度认为有必要保持两种不同的生活——职场生活和私人生活，与之相对应的是两种不同的身份。如今，这些人为此划分的界限正逐渐融为一体，成为有些人口中的“完整的生命”——即从更全面的角度看待每个个体及其身份地位。事实证明，人类希望把其人性的一面带入到工作当中，他们希望在工作中扮演的角色能够表达自己、找到意义，而帮助他们实现这些的组织将会获得丰厚的回报——人们的独创性。

为生活创新

特蕾莎·阿马比尔（Teresa Amabile）是哈佛商学院工商管理埃兹尔·福特（Edsel Ford）讲席教授兼研究主任。虽然她以研究创新闻名，但是最近，她更多关注的是组织生活及其对个人和个人表现的影响。

阿马比尔出版过很多书，或独立完成，或与他人合著，如《激发内驱力》（*The Progress Principle: Using Small Wins to Ignite Joy, Engagement, and Creativity at Work*）。她早期的作品包括《情境中的创造力》（*Creativity in Context Update to the Social Psychology of Creativity*）和《培养创意》（*Growing Up Creative: Nurturing a Lifetime of Creativity*）。

阿马比尔在与史蒂文·克雷默（Steven Kramer）合著的《激发内驱力》一书中揭示了职场中每日微不足道的事情是

如何影响个人的职业生涯和工作业绩的。这本书利用了一项长期综合研究项目的成果，包括对 7 家企业中 12 000 多位员工记录的约 12 000 条工作日记的分析。

阿马比尔与克雷默提出了这样的疑问，影响员工敬业度最重要的因素是什么呢？是激励机制？表现优异时获得认可、工作取得进展时获得支持、人际支持？还是明确的目标？当他们把这个问题抛给数百位管理人员时，95%的人的回答是错误的。

事实证明，工作时的内在心理，即积极的情绪、强烈的内驱力、对同事和工作本身的正面看法是员工保持创新精神、工作高效、全身心投入并为企业尽职尽责的关键。阿马比尔与克雷默认为：

> 管理者的基本工作是创造并维持合适的工作环境，使员工在大多数情况下能以积极的心态投入工作。
>
> 只要工作是有意义的，管理人员就不必再花时间想办法激励员工工作了。只要消除阻碍发展的障碍，让人们体验到完成工作时的内在满足感，管理者就会得到更好的服务。

在《激发内驱力》一书中，阿马比尔与克雷默解释道：

- 小小的成功往往对员工及其工作业绩有着意想不到的重大影响。

- 小小的挫折往往会产生严重的负面影响。
- 培养人们进步的意识是保持他们积极性、激发他们创新的关键。

社会创新

如果个人进步对每个个体而言是重要的，人们也逐渐意识到最严重的社会弊病只能通过大家对发展的共同渴望来解决。人们讨论的话题越来越多的是关于“社会创新”。当然，企业在这方面也发挥了十分重要的作用。

企业的社会创新乐于接受专门解决某类环境或社会问题的新想法、新过程、新产品和新商业模式。

“这是非常强大的。”伦敦商学院战略与企业助理教授、2013 年“全球最具影响力 50 大商业思想家”之一的伊欧尼斯·伊欧尼奥（Ioannis Ioannou）说：

> 我们面临着严重的全球性挑战——气候变化、缺乏社会凝聚力、社会不平等现象加剧、疾病的传播等，而社会创新可能会促进积极的环境影响和社会影响的产生。同时，它既能够使参与解决这些问题的企业盈利，又能进一步扩大这些解决方案的社会效应。这是双赢。

社会创新有许多驱动因素。伊欧尼奥教授（与其他哈佛商学院的研究员）的研究，旨在帮助企业更好地了解一些社会创新的动态。特别值得注意的一点是，他的研究着眼于利益相关者的参与度、采用更长期的时间期限、吸引符合组织价值观念者的能力、参与社会创新的企业集聚金融及非金融信息以找到根本解决办法的能力。

从社会角度考虑创新

商业咨询公司德勤（Deloitte）负责人才与品牌的主理合伙人希瑟·汉考克 (Heather Hancock) 认为：

> 金融危机导致企业领导者开始重新思考他们的社会作用。很多社会创新既是企业从更广阔的角度考虑为实现社会目标而做出的贡献，也是企业在长期和短期内取得的商业上的成功。这种成功从长远角度来看尤为明显，但也会产生短期的影响。从企业层面来看，金融危机已经成了社会创新的催化剂。

当然，改变世界（或者改变一个组织）绝非轻而易举。伊欧尼奥指出，包括联合利华、耐克和彪马在内的一些企业都在积极参与社会创新。

我们看到一些将这种创新融入到企业商业模式中的优秀案例，比如，它们提出了企业自身的环境损益。然而，即使具有领先他人的领导者，我们仍然没有一个称得上是可持续发展的社会创新企业，而实现这一目标还需要大约 30 甚至 60 年的时间。

汉考克认为，我们正处于社会创新的早期阶段，但对话的性质已经发生了根本变化。之前从未提过的事情，如今已经变为重中之重。

这事关企业是否愿意与股东进行一场截然不同，或许更深思熟虑的对话。举例来说，我们谈论的许多问题之前一直被认为是政府的工作范畴。过去都是政府委托私营组织或者与它们合作。这往往是基于既有的模式。现在我们所看到的是，政府开始明白它们自身也要参与其中，解决这些问题，并相应地改变制度机制或法律体制。但是，政府不可能产生实际的技术解决方案、具有创造性的服务或切实可行的方法。

政府和企业仍旧在摸索着前进，犯错总是难免的。伊欧尼奥的研究明确了企业经常犯的两种错误：一种是“效率陷阱”，另一种是“勾选框陷阱”。陷入“效率陷阱”的企业把精力集中在废物管理、能源管理和回收利用等方面。虽然这些都是事关运作效率的重要问题，但它们不足以将企业转变为能提出新思路和社会创新的可持续发展的企业。陷入“勾选框陷阱”的企业专注于确保所做之事是正确的，而没有把精力集中在增加企业价值和从事创新活动上。

人们越来越希望能克服这些陷阱。对“千禧一代”人群的反复研究发现，这些人期望企业能够重视创新和社会效应，同时也期望这两者能对他们在企业中的作用产生影响。

这样做的风险无疑是巨大的，因为企业不仅要处理一些世界上最大的问题，还要重新定义企业在社会中扮演的角色。伊欧尼奥说道：“虽然我们已经看到企业多年以来都在解决生产问题，但如今，社会创新带来的挑战是，在符合资本主义制度的支持与协同的作用下，用这些解决问题的技能来应对全新领域的问题。”我们正面临着挑战。

“从摇篮到摇篮”可持续理念

随着社会创新重要性的不断提高，可持续发展这个概念也变得愈加重要。如果你想让某个想法在未来 10 年内得到企业的重视，“从摇篮到摇篮”可持续理念是首要选择。这一理念的主要观点是：**我们对环境保护主义和可持续发展的态度必须改变**。如今，企业只要有一点点进步，就自我感觉良好。这仅仅是因为它们多回收了一点、减少了对能源的使用或者采取了其他类似的行动。“从摇篮到摇篮”可持续理念认为：**我们对待产品及如何制造产品的态度来源于工业革命，即人们能够创造产生生态、社会和经济价值的产品和服务。**

美国建筑师、设计师威廉·麦克唐纳（William McDonough）和德国化学家迈克尔·布朗嘉特（Michael Braungart）在其著作《从摇篮到摇篮：循环经济设计之探索》（*Cradle to Cradle: Remaking the Way We Make Thing*）中描绘了这个理念背后的思维。

> 如今，工业基础设施的设计以追逐经济发展为目的，这会损害人类的其他重要利益，特别是人类健康、生态健康、文化和自然的丰富性，甚至是人类的享受程度和愉悦度。除了少数人尽皆知的积极作用，大多数工业方法和工业材料其实是对资源的无意掠夺。

把这个理念付诸实践的案例之一就是福特胭脂河汽车工厂的重新设计。福特投资了 1 800 万美元建立雨水处理系统，据说该系统为福特节省了原本要花在机械加工上的 500 万美元。福特 U 型样车也是根据“从摇篮到摇篮”可持续理念研发制造的。此外，耐克公司已经开发了可回收利用的鞋子，德国爱达克公司（EDAG）也研发出了可回收汽车。

从“地毯”到摇篮

荷兰地毯生产商 Desso 及其前任首席执行官斯蒂夫·克兰纳迪克（Stef Kranendijk）是“从摇篮到摇篮”可持续理念

的信奉者之一。作为一名为宝洁效力 19 年的老员工，克兰纳迪克似乎不可能引领革新，但是他支持把“从摇篮到摇篮”的可持续理念作为改变企业、引领竞争的手段。

克兰纳迪克的思想转变在他看了有关该话题的 DVD 后开始。然后，他阅读了《从摇篮到摇篮：循环经济设计之探索》这本书，并联系到其中一位作者。

> 我们生产了很多产品，但是大多产品最终都进了垃圾填埋场。比如，法国、美国和英国的合成纤维地毯都进了垃圾填埋场亦或者被焚烧掉，这两种方法都非上策。我们面临两种危机：气候危机和原材料危机。这是我们必须解决的问题。因此，当我看到这个纪录片时，我认为这个想法太了不起了，这恰恰是我们应该做的，因为我们生产这么多产品的同时制造了太多的垃圾。随后我阅读了那本书，并联系到布朗嘉特，告诉他：“我想让我的整个公司实现循环经济与可持续发展。我一定会付诸行动，请您一定要助我一臂之力。”

2007 年，Desso 公司被公司当时的管理委员会和一家私人股本公司从其美国所有者手里收购。克兰纳迪克正是在那时加入 Desso，成为该公司首席执行官。克兰纳迪克及其团队研发出专注于卓越运营、创新、地缘扩张及外部交流的战略。在这 4 个要素中，创新是关键，而创新的三个驱动因素是：**创造性、功能性及可持续性。**

"'从摇篮到摇篮'的可持续理念是利用纯物质制作产品，以便无限循环回收利用它们，"克兰纳迪克说。他在 Desso 被收购后随即任命了一位可持续发展总监，该总监研究了 Desso 可持续发展计划在过去 10 年所取得的成就。Desso 实际上在那 10 年间已经减少了 28% 的能源消耗。而"从摇篮到摇篮"的可持续理念争取做到进一步提升。

升级回收

"从摇篮到摇篮"可持续理念的核心思想是原材料能够得到反复利用，创造出高质量的产品。Desso 投资了 Refinity 回收利用系统，这样就能从办公室、学校和大学回收利用使用了 10 年以上的地毯。从地毯中提炼出来的沥青能够售卖给道路和屋顶行业，纱线则为 Desso 的纱线制造厂所用。

Desso 在斯洛文尼亚耗资 2 000 万欧元投资了一个工厂。该工厂回收已经用过的旧纱线，进行解聚后再将其重新利用。如今，Desso 在世界各地销售的块式地毯中的 60% 都使用的是 100% 再生纱线。

与其他任何理念一样，"从摇篮到摇篮"可持续理念也创造出了其特有的词汇——"升级回收（upcycling）"。斯洛文尼亚工厂便是“升级回收”的例子。克兰纳迪克解释说：

> “从摇篮到摇篮”可持续理念是使用非常纯的材料，这样就可以提高回收利用的效率。这就是将其称之为“升级回收”的原因。
>
> 而这正是我们努力在做的事情。因为如果我们可以制造出地毯块，而且10年后能够将其回收利用，那么，我们还可以将纱线、衬垫回收利用，而且还可能会用这些材料做一张全新的办公椅。“从摇篮到摇篮”可持续理念就是拥有一个装满纯净原材料的储蓄库，再将这些材料不断地循环利用。
>
> 从根本上说，我们必须要完成从线性经济到循环经济的转变。我们要做大量的“城市采矿”——从现有产品中提取原材料，这与“从摇篮到摇篮”可持续理念极好地融合。这将保证我们只能使用纯净材料而非有毒物质，这样才能加以回收利用。

没有折中之道

很快人们就能清楚地意识到，在这一周期性方法中没有折中方法，也没有不彻底的革新。

Desso的目标是在2020年前将所有产品都加以可持续循环利用，而且到那时，只使用可再生能源。Desso已经在其比利时的一个工厂里安装了23 000平方米的太阳能电池板。同时，它也投资了六兆瓦特风力发电机和生物质发酵工艺以生产沼气和地热能。

Desso公司从块式地毯开始回收利用之路，如今把目光放在了有乳胶衬料的人造皮草上，对其进行升级回收。Desso已经研发出热熔技术，保证乳胶衬料能够得以回收利用。该公司更有野心的目标是利用竹子制作纱线——显然这样生产出来的纱线抗菌性极强。

"'从摇篮到摇篮'这个理念最棒的一点在于其创新性。三句话离不开设计、原材料，总是关注终端用户的需求、企业的社会责任和可持续发展的根本战略，"克兰纳迪克说，"但是，这样做工作量巨大，而且要花费很多钱，因为分析所有的原材料就是一项繁重的工作，花费了我们好几年的时间，真折磨人。"

不可不谈的收益

当然，没有收益的概念只是空洞的商业经验。但是，越来越多的证据表明，企业的社会责任能够增加企业收益。比如，伦敦商学院的伊欧尼斯·伊欧尼奥和哈佛商学院的乔治·塞拉菲姆（George Serafeim）进行的研究在企业运营良好与外在表现优异之间建立起连接。

伊欧尼奥说道（他也写过 Desso 的案例研究）：

> 关于可持续发展最重要的问题之一是，其对财务业绩的影响。通过一项对两组企业跨时 18 年的对比实验研究，我们发现有力证据表明，不论是从会计角度还是从股票市场角度看，高可持续性企业都胜过低可持续性企业，这两类企业的企业治理和利益相关者都有显著的区别。高可持续性企业拥有更长的时间范围、更长期的投资者，更注重非财务信息的计量与报告。

透过广角镜看问题

人们打破思维孤岛的意愿把社会创新与个人发展的观点结合起来。一旦我们更愿意把社会和企业分开，就会更好地理解企业是社会的一部分，而并非独立于社会之外。企业的运营需要经营许可证，它们必须要向社会证明它们身为社会一份子的价值所在。

同时，创新与本书中充分证明的那些想法一样，逐渐变得没那么神秘，并以更开放的态度对待外界影响。任何一家企业、一个行业或者一个国家都无法忽视外部的发展。事实上，知识、思想等的互相分享才是新时代的规则。

然而，组织机构及其管理者能保证他们广撒创新之网吗？罗恩·阿德纳（Ron Adner）在其2012年出版的《广角镜战略：企业创新的生态与风险》（*The Wide Lens: A New Strategy for Innovation*）一书中提供了一些想法。

阿德纳是美国达特茅斯学院塔克商学院的战略教授，在此之前，他就职于欧洲工商管理学院。他认为：

> 许多企业之所以失败是因为它们太过专注于自己的创新，而忽略了决定它们能否成功的创新生态系统。在越来越相互依赖和日趋全球化的世界上，胜负不仅仅取决于企业是否兑现了自己的承诺。

这意味着企业的许多合作伙伴，事实上是整个创新生态系统，都要兑现它们的诺言。只有从更宽广的角度看待这个世界，企业才有希望在未来蓬勃发展。

通过扩展这个逻辑并采用更宽广的视角——把人类和社会看作一个整体，创新便会成为世界上一支正面的力量，而人类的独创性才能推动创新的发展。

创新的本质

正如我们所见，起初创新仅与技术发展、机械进步之间有所联系，而如今创新的定义越来越宽泛，涉及领域越来越广。唐·泰普斯科特也是推动这一进步为数不多的思想家之一。他是多伦多大学约瑟夫·罗特曼（Joseph L. Rotman）管理学院的兼职教授，研究领域涉及创新、媒体、全球化以及技术对企业和经济的社会影响力，他是这些方面研究的权威之一。

泰普斯科特共著书 14 本，包括独立完成和与他人合著的书目。1992 年，他的畅销书《范式转变》（*Paradigm Shift*）出版。1995 年，《数据时代的经济学》（*The Digital Economy*）一书的出版改变了世界各地对互联网转型特征的看法。两年后，他在《数字化成长：网络世代的崛起》（*Growing Up Digital*）一书中定义了网络世代和“数字鸿沟”的概念。2000 年，他在《数字资本与商务网》（*Digital Capital*）一书中提出了诸如商务网之类的原创思想。他的其他著作包括 2002 年出版的《赤裸的公司》（*The Naked Corporation*），2009 年出版的《数字化成年》（*Grown Up Digital*），2007 年的管理类畅销书《维基经济学》（*Wikinomics: How Mass Collaboration Changes Everything*）以及 2011 年出版的《宏观维基经济学》（*Macrowikinomics*）。

泰普斯科特也是全球解决方案网络（Global Solution Net-works，简称 GSN）项目的推动者。GSN 是一项全新的、具有划时代意义的研究，主要研究全球范围内以互联网为基础的网络在促进合作、解决问题和管理方面的潜力。

与大师对话

NNOVATION

唐·泰普斯科特

Q： 您能解释这个项目及其希望达到的目标吗？

A： 关于如何解决世界问题、促进相互合作以及如何统治我们自己，已经有些新的模式了。我也在进行研究这些问题的项目。说得明白一点，事实上在未来两年内，我并不打算解决世界性的问题，毕竟，幻想和愿景完全是两码事。但是，我们如今解决问题的模型来自于第二次世界大战后的布雷顿森林体系，那时，我们建立了世界银行和世界货币基金组织，之后又成立了世界贸易组织（那时还叫做“关税与贸易总协定”）和国际标准化组织。G20 等其他组织机构都是以各个民族国家为参与单位的。

然而，我们遇到的问题日益全球化，尽管以国家为参与单位是必要的，但仅以国家为解决问题的媒介还远远不够。与此同时，互联网及其他许多主要驱动力促使我们检验更具活力、更有弹性的解决问题的新型网络模式。这些有多方利益相关者参与的网络虽然不再由国家控制，也不再以国家为参与基础，但是它们变得更具实质意义，而且其中一些网络在以极大的规模扩大与发展。然而，我们对此一无所知。

Q: 有些全球解决方案网络十分与众不同，比如 *Kony 2012*。您能给我们谈谈吗?

A: 好的。非洲军阀约瑟夫·科尼(Joseph Kony)是个坏家伙。据说他绑架了 6 万名儿童，男孩儿被迫成为军人，女孩儿沦为性奴。如果这些孩子们表现不好，他就会砍伤他们的面部或者逼迫他们去杀害自己的家人。因此“看不见的孩子”(Invisible Children) 这个多方利益参与者组成的组织决定让世人都知道约瑟夫·科尼这个坏家伙，他们创作了 *Kony 2012* 这部时长 30 分钟的短片。我周一晚上看这部短片时，已经有 1.2 万人看过了。截止到周五，已经有超过 8 500 万人看过这部短片。

重点在于，这个短片虽然在全世界产生了巨大的影响，但是也显露出这些新型网络的前景与危害。短片虽很振奋人心,但是否合法? 谁会为其负责呢? 从中赚取的钱财归谁? 如何制定这类事物的政策? 在乌干达入驻更多的美国军队是否正确? 以这种方式对待科尼是否妥当? 正如本片中那样，如果你的领导垮台了，你会怎么做? 因此，这部纪录片展现了这些新型全球解决方案网络的正反两面：虽然它们发展迅速，具有强大的功效和影响力，但是仍有许多我们无法理解如何让它们真正发挥作用的事情。

这就像是盲人摸象,有些人认为自己摸到的东西是树、墙、蛇或者其他什么东西，但是事实上全球解决方案网络共有 9 种类型。

比如说，我们有政策型网络，虽然为世界制定政策，却不以国家为基础。国际竞争网络（International

Competition Network）就是其中之一；我们有知识型网络，虽然我们之前有研发知识的全球研究联盟，但是从未有过维基百科、TED 等有巨大影响力的知识网络；我们也有提倡改变的倡导型网络，如 *Kony 2012*；此外还有我称其为平台的新生事物，通过创建他人也能运用的平台来尝试解决诸如厨房火灾、人权、冲突、创业之类的问题；我们还有监督型网络，比如人权观察（Human Rights Watch），该组织内有全世界成百上千的研究者在鉴别并记录侵犯人权的案例。此外，我们还有制定标准的组织网络，但是这些组织并不像国际标准化组织那样受国家控制，还有治理型网络，对地球上的某些事物进行管理。

2012 年 12 月，联合国、国际电信联盟与控制着网络的生态系统在迪拜进行了一场较量。这是以国家为基础的旧模型对抗新型动态网络模型的例子，最终还是互联网取胜了。

随后我们就有了我所谓的全球网络机构，例如世界经济论坛（World Economic Forum）、克林顿全球倡议（Clinton Global Initiative）、企业社会责任国际协会（Business for Social Responsibility）。虽然它们看起来像是联合国一样的大机构，但是它们不受国家控制。它们在全世界有很大的影响力，吸引了成千上万的群众，帮助我们解决在逐渐萎缩的地球上面临的巨大挑战，给我们带来了巨大的希望。

Q：这对于各个民族国家意味着什么？国家之间互不相干吗？它们已经变成一种解决全球性问题的不恰当方式吗？

A：国家之间并非互不相干，既然国家不会消失，所以从这个意义上说国家仍很合理。民族国家在历史上很早就出现了，是在从直觉型社会向工业化社会转变的转型期出现的。昨天，我刚从印度旅行回来。印度直到1947年才成为一个单一民族国家，直到1961年才从葡萄牙人手中收回果阿邦，成为现在我们看到的印度共和国。意大利直到1861年才建国。每个国家都在发展各自的国民经济，通常都有一门通用语言，培养民族认同感，建立国家治理体系，制定国内政策，确定流通的货币等。

如果不考虑经济越来越全球化，那么各个民族国家发展各自的国民经济是个好主意。因此，国家及其机构可能并不是解决那些世界性问题的明智之选。这也是我在研究课题中遇到的规模性挑战之一：难以想象当今世界存在的问题不能用不同的方式解决。

我能举出很多例子，这里我们仅以气候变化为例。气候变化是个大问题，大多数人都承认全球正经历着气候变化、全球变暖和极端天气，而这些变化的出现很大程度上都是由人类活动造成的。因此，比尔·克林顿说，如果到2050年我们的碳排放量能减少80%，地球仍需要1000年才能把升高的温度降下来。同时还会发生一些不好的事情——在接下来的10~15年里，15亿人将失去水源。因此，这些国家元首相聚在哥本哈根、坎昆、里约，努力达成协议。然而，别说降低80%的碳排量了，就连降低6%左右的碳排量都做不到。

与此同时，出现了一系列多方利益相关者参与的全球解决方案网络，约有千万人参与其中。他们不是马尔科姆·格拉德威尔（Malcolm T. Gladwell）批判的“懒汉行动主义者”，那些人只会上上 Facebook 并宣称自己能够改变世界。相反，他们在实实在在地做事儿。他们其中有设法弄清如何翻新建筑的建筑师，有试着减少社区中碳排放量的孩子，也有思考碳信用以及国家参与解决问题新方式的各类政客。

这是人类历史上第一次全世界都被动员起来，携手并肩共同努力。虽然此前我们曾在世界大战中受到鼓舞，但那时我们所持的立场不尽相同。因此，应对气候变化这个例子很好地佐证了传统体制遇到了问题，而新型动态网络弹性模型正不断地取得进展。

Q：还有谁参与其中了？

A： 还有许多著名的思想家参与其中，比如计算机科学家文顿·瑟夫（Vint Cerf）、蒂姆·伯纳斯-李（Tim Berners-Lee），经济学家理查德·佛罗里达（Richard Florida），美国政治、外交政策与国际事务学者安妮-玛丽·斯劳特（Anne-Marie Slaughter），著名管理大师罗杰·马丁和哈佛商学院教授潘卡·杰梅沃特（Pankaj Ghemawat）。他们当中有些是商业思想家在该项目中商业发挥了重要作用，因为商业不可能在一个日渐衰落的世界取得成功。然而，如今也有许多全球性的商业问题，比如企业家精神、企业竞争、金融系统监管等传统国有体系正努力解决的各种问题。

我的目标是让全世界对这些问题感兴趣并关心这些问题

的著名思想家齐聚一堂，共同进步。

目前为止，该项目主要由企业提供资金，我们获得了一些大企业的支持，它们都非常关心与此有关的商业问题。

我们有关心全球现金问题的金融服务公司。现金是一个全球性问题，也是滋生犯罪和贪污腐败的基础；现金显然还与金融包容性有关。由于现金的存在，我们在向人民征税、适当为国家提供资金方面出现了问题。企业在帮助我们做调查研究和筹集资金方面也遇到了一系列相关问题。

世界性问题非但不会消失，还会不断出现新领域和新挑战。但是形式迥异多样的创新是所有问题的答案。

INNOVATION

BREAKTHROUGH
THINKING TO TAKE
YOUR BUSINESS TO THE NEXT LEVEL

译者后记

《创新的本质》从开始翻译到定稿历时半年之久，翻译的过程也是学习的过程，我们从中受益匪浅，也对翻译工作有了新的体会。要想成为一名优秀的、对读者负责的译者，不仅要做好充分的译前准备工作、具备牢固的英汉双语基础，还要具有追本溯源的精神，同时还要注重团队合作，发挥集体的智慧。

这是一本汇聚全球管理大师思想精髓且脉络清晰的著作，书中涉及很多与管理学相关的背景信息，如专业术语、管理实例分析、大师访谈等，这就必须要求译者熟知管理学知识，尤其是创新方面的知识，并对书中提到的相关信息或相关著作了如指掌。为此，在翻译前，我们查阅了大量的相关书籍和杂志，并利用网络和其他渠道搜集相关信息，对相关内容进行了反复验证以保证译文的准确性和专业性。

本书的翻译工作由李月、徐雅楠和李佳胥三位译者共同完成。在初稿完成后，三位译者分别进行了互审，共同探讨翻译中遇到的难点与问题，并一起解决这些问题。最后由姚虹老师进行审校并最终定稿，确保呈现在读者面前的是最优质的译文。

翻译工作者背负着让读者了解作者思想精髓的使命。身为译者，我们秉持着对译文负责和对读者负责的态度，用心完成本书的翻译，希望引进国内的书籍能够发挥其应有的作用。

这本译作是集体智慧的结晶，希望读者，尤其是热爱管理学知识的朋友能够喜欢，行文中如有不妥之处，也请不吝赐教。

我们出版的所有图书，封底和前勒口都有“湛庐文化”的标志

并归于两个品牌

找“小红帽”

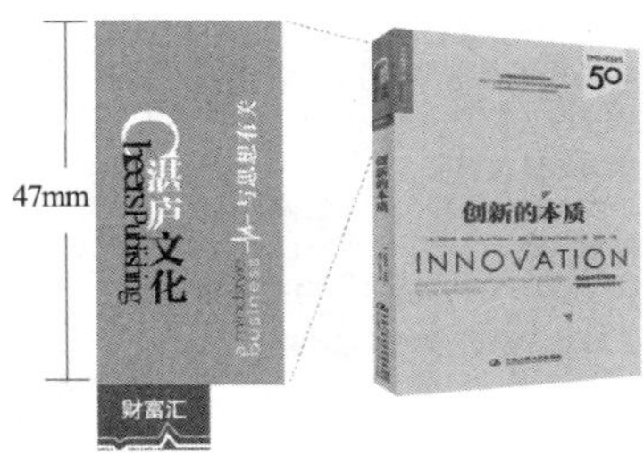

为了便于读者在浩如烟海的书架陈列中清楚地找到湛庐，我们在每本图书的封面左上角，以及书脊上部 47mm 处，以红色作为标记——称之为**“小红帽”**。同时，封面左上角标记**“湛庐文化 Slogan”**，书脊上标记**“湛庐文化 Logo”**，且下方标注图书所属品牌。

湛庐文化主力打造两个品牌：**财富汇**，致力于为商界人士提供国内外优秀的经济管理类图书；**心视界**，旨在通过心理学大师、心灵导师的专业指导为读者提供改善生活和心境的通路。

阅读的最大成本

读者在选购图书的时候，往往把成本支出的焦点放在书价上，其实不然。

时间才是读者付出的最大阅读成本。

阅读的时间成本=选择花费的时间+阅读花费的时间+误读浪费的时间

湛庐希望成为一个“与思想有关”的组织，成为中国与世界思想交汇的聚集地。通过我们的工作和努力，潜移默化地改变中国人、商业组织的思维方式，与世界先进的理念接轨，帮助国内的企业和经理人，融入世界，这是我们的使命和价值。

我们知道，这项工作就像跑马拉松，是极其漫长和艰苦的。但是我们有决心和毅力去不断推动，在朝着我们目标前进的道路上，所有人都是同行者和推动者。希望更多的专家、学者、读者一起来加入我们的队伍，在当下改变未来。

湛庐文化获奖书目

《大数据时代》

国家图书馆"第九届文津奖"十本获奖图书之一
CCTV"2013中国好书"25本获奖图书之一
《光明日报》2013年度《光明书榜》入选图书
《第一财经日报》2013年第一财经金融价值榜"推荐财经图书奖"
2013年度和讯华文财经图书大奖
2013亚马逊年度图书排行榜经济管理类图书榜首
《中国企业家》年度好书经管类TOP10
《创业家》"5年来最值得创业者读的10本书"
《商学院》"2013经理人阅读趣味年报·科技和社会发展趋势类最受关注图书"
《中国新闻出版报》2013年度好书20本之一
2013百道网·中国好书榜·财经类TOP100榜首
2013蓝狮子·腾讯文学十大最佳商业图书和最受欢迎的数字阅读出版物
2013京东经管图书年度畅销榜上榜图书，综合排名第一，经济类榜榜首

《牛奶可乐经济学》

国家图书馆"第四届文津奖"十本获奖图书之一
搜狐、《第一财经日报》2008年十本最佳商业图书

《影响力》(经典版)

《商学院》"2013经理人阅读趣味年报·心理学和行为科学类最受关注图书"
2013亚马逊年度图书分类榜心理励志图书第八名
《财富》鼎力推荐的75本商业必读书之一

《人人时代》(原名《未来是湿的》)

CCTV《子午书简》·《中国图书商报》2009年度最值得一读的30本好书之"年度最佳财经图书"
《第一财经周刊》· 蓝狮子读书会·新浪网2009年度十佳商业图书TOP5

《认知盈余》

《商学院》"2013经理人阅读趣味年报·科技和社会发展趋势类最受关注图书"
2011年度和讯华文财经图书大奖

《大而不倒》

《金融时报》· 高盛2010年度最佳商业图书入选作品
美国《外交政策》杂志评选的全球思想家正在阅读的20本书之一
蓝狮子·新浪2010年度十大最佳商业图书，《智囊悦读》2010年度十大最具价值经管图书

《第一大亨》

普利策传记奖，美国国家图书奖
2013中国好书榜·财经类TOP100

《真实的幸福》

《第一财经周刊》2014年度商业图书TOP10
《职场》2010年度最具阅读价值的10本职场书籍

《星际穿越》

国家图书馆"第十一届文津奖"十本奖获奖图书之一
2015年全国优秀科普作品三等奖
《环球科学》2015最美科学阅读TOP10

《翻转课堂的可汗学院》

《中国教师报》2014年度"影响教师的100本书"TOP10
《第一财经周刊》2014年度商业图书TOP10

湛庐文化获奖书目

《爱哭鬼小隼》

国家图书馆"第九届文津奖"十本获奖图书之一

《新京报》2013年度童书

《中国教育报》2013年度教师推荐的10大童书

新阅读研究所"2013年度最佳童书"

《群体性孤独》

国家图书馆"第十届文津奖"十本获奖图书之一

2014"腾讯网•啖书局"TMT十大最佳图书

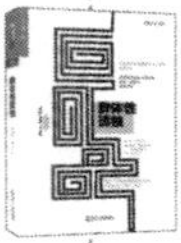

《用心教养》

国家新闻出版广电总局2014年度"大众喜爱的50种图书"生活与科普类TOP6

《正能量》

《新智囊》2012年经管类十大图书，京东2012好书榜年度新书

《正义之心》

《第一财经周刊》2014年度商业图书TOP10

《神话的力量》

《心理月刊》2011年度最佳图书奖

《当音乐停止之后》

《中欧商业评论》2014年度经管好书榜•经济金融类

《富足》

《哈佛商业评论》2015年最值得读的八本好书

2014"腾讯网•啖书局"TMT十大最佳图书

《稀缺》

《第一财经周刊》2014年度商业图书TOP10

《中欧商业评论》2014年度经管好书榜•企业管理类

《大爆炸式创新》

《中欧商业评论》2014年度经管好书榜•企业管理类

《技术的本质》

2014"腾讯网•啖书局"TMT十大最佳图书

《社交网络改变世界》

新华网、中国出版传媒2013年度中国影响力图书

《孵化Twitter》

2013年11月亚马逊(美国)月度最佳图书

《第一财经周刊》2014年度商业图书TOP10

《谁是谷歌想要的人才？》

《出版商务周报》2013年度风云图书•励志类上榜书籍

《卡普新生儿安抚法》《最快乐的宝宝1•0~1岁》

2013新浪"养育有道"年度论坛养育类图书推荐奖

湛庐文化 Cheers Publishing
a mindstyle business 与思想有关

延伸阅读

《商业的本质四部曲》

扫码直达本书购买链接

◎ “全球最具影响力 50 大商业思想家”排行榜（Thinkers50）创立者斯图尔特·克雷纳与资深商业记者戴斯·狄洛夫合著而成，用世界最领先的商业思维应对当今最严峻的挑战。四部曲分别是:《管理的本质》《战略的本质》《创新的本质》《领导力的本质》。

《沃伦·本尼斯经典四部曲》

扫码直达本书购买链接

◎ 沃伦·本尼斯被称为领导力之父，组织发展理论先驱。以关于领导艺术的著作而闻名，经典四部曲分别是:《领导者》《成为领导者》《七个天才团队的故事》《经营梦想》，对我们了解近代西方领导力思想、认识现代组织的领导力真谛，迎接当下和未来的领导力挑战，具有重要的意义。

《企业文化生存与变革指南》

扫码直达本书购买链接

◎ “企业文化理论之父”组织心理学的开创者和奠基人埃德加·沙因的经典作品，继《组织文化与领导力》之后的又一力作。管理者可以在本书中找到解决企业生存与发展等关键问题的启示，想要成长的企业员工通过理解企业文化，可以从此书中找到提升职业素养和促进职业生涯发展的契机。

《管理工作的本质》（经典版）

扫码直达本书购买链接

◎ 亨利·明茨伯格最知名的著作，奠定了其极具影响力的管理大师地位。经理角色管理学派最早出版的经典著作，作者对组织结构设计和领导者的培养提出了一系列具有洞见的观点，这些观点成为领导学研究的基础。

《伟大的挣扎》

扫码直达本书购买链

◎ 哈佛商学院教授、《纽约时报》畅销书《沉静领导》的作者小约瑟夫·巴达拉克又一力作。这本书将会对你有所启示。通过观察那些活跃组织的领导者们，尤其是创业者们的表现你就能找到新的答案。

Stuart Crainer and Des Dearlove

Thinkers 50 Innovation: Breakthrough Thinking to Take Your Business to the Next Level

ISBN 978-0-07-182781-2

北京市版权局著作权合同登记号：01-2014-2593

图书在版编目（CIP）数据

创新的本质 /（英）克雷纳，（英）狄洛夫著；李月 徐雅楠 李佳胥译．
—北京：中国人民大学出版社，2017.1
ISBN 978-7-300-23752-7

Ⅰ．①创… Ⅱ．① 克… ② 狄… ③ 李… ④徐… ⑤李… Ⅲ．①商业管理
Ⅳ．① F712

中国版本图书馆 CIP 数据核字（2016）第 317437 号

上架指导：商业管理 / 企业经营

创新的本质

［英］斯图尔特·克雷纳　戴斯·狄洛夫　著
李月　徐雅楠　李佳胥　译
姚　虹　审校
Chuangxin de Benzhi

出版发行	中国人民大学出版社		
社　　址	北京中关村大街31号	**邮政编码**	100080
电　　话	010-62511242（总编室）		010-62511770（质管部）
	010-82501766（邮购部）		010-62514148（门市部）
	010-62515195（发行公司）		010-62515275（盗版举报）
网　　址	http://www.crup.com.cn		
	http://www.ttrnet.com（人大教研网）		
经　　销	新华书店		
印　　刷	联兴盛业股份有限公司		
规　　格	145 mm × 210 mm　32 开本	**版　　次**	2017 年 1 月第 1 版
印　　张	6.5　插页 1	**印　　次**	2017 年 1 月第 1 次印刷
字　　数	100 000	**定　　价**	49.90 元